교회세습,
하지
맙시다

교회세습
반대운동
연대
보고서

교회세습
반대운동
연대
보고서

교회 세습, 하지 맙시다

교회세습
반대운동연대 기획
배덕만 책임 집필

제2부 세습과 저항

제3부 세습과 신학

부록

'교회세습반대운동연대'는 2012년 11월 2일 출범하여 목회(교회) 세습 금지를 위한 운동을 해 왔습니다. 교회 세습은 한국 사회에서 교회의 신뢰를 추락시키는 중대한 문제이며, 신앙적으로도 우상숭배와 같은 것이기 때문입니다. 지난 3년 동안 저희는 지역을 다니며 강연회와 세미나를 진행했습니다. 세습 금지를 위한 입법운동, 서명운동, 포럼과 단행본 출간 등을 통한 교육과 홍보에 힘썼습니다. 그 결과 세습하지 않겠다는 선언이 이어졌고, 여러 교단에서 세습금지법을 통과시켰습니다. 무엇보다 많은 목회자와 교인들이 교회 세습을 사회 앞에 부끄러운 일이자, 하나님께는 범죄 행위임을 자각했다는 점에서 의미가 있었습니다.

이 책을 통해 목회(교회) 세습 밑에 감춰진 부패의 뿌리를 발견할 것입니다. 즉, 세습은 목회자에 대한 맹종, 교회 재정의 불투명성, 도덕 불감증, 기복신앙, 외형 성장 추구 등의 집합체인 것을 알게 될 것입니다. 이 책이 그 모든 탐욕을 버리고 예수 그리스도가 머리 되시는 건강한 교회를 이루어 가는 데 도움이 되기를 바랍니다.

교회 세습이 잘못된 것이라는 공감대가 있음에도 일부 교회는 변칙적인 방법으로 세습을 시도하고 있습니다. 교인들이 세습을 반대하거나 교단법상 세습이 불가한 경우 담임목사 임지를 맞바꾸는 '교차 세습', 목회자의 자녀가 같은 교회에서 연속으로 목회할 수 없다는 교단 세습방지법의 허점을 노려 잠시 다른 교회로 옮긴 후 다시 부임하는 '징검다리 세습'도 있습니다. 아버지 목사가 지(支)교회를 세워 아들을 담임이나 부목사로 파송한 후 아들 목사를 모교회 담임목사로 불러오는 '지교회 세습'도 있습니다. 그런가 하면 아버지 목사 교회와 아들 목사 교회가 통합하는 방식인 '합병 세습'도 있습니다. 신앙의 모범을 보여야 할 목회자가 부와 권력, 명예에 사로잡혀 부패의 길로 치닫는 일부 교회 때문에 한국 교회는 큰 상처를 입고 있습니다. 우리 모두가 '교회 세습 NO!'라고 외치며 깨어 있어야 하겠습니다.

그동안 수고하신 각 단체들과 아낌없이 지원해 주신 공동대표 김동호 목사님, 백종국 교수님, 오세택 목사님, 책을 집필하신 배덕만 교수님께 감사드립니다. 지금도 순수하게 교회를 섬기는 이 땅의 목회자와 성도들께 하나님의 위로가 넘치기를 기도드립니다.

2016년 4월

방인성 목사 (교회세습반대운동연대 실행위원장)

20세기 초반에 한국 교회는 이 땅의 빛이요 소금이었다. 정치적으로 위태롭고 경제적으로 빈곤했던 시절, 말씀과 성령으로 충만했던 교회는 자신의 담장을 넘어 한국 사회의 전 영역에서 민족과 역사를 견인하는 결정적 역할을 감당했다. 그 후 민주화운동과 산업화시대를 거치면서, 한국 교회는 사회와 문화의 주변부에서 중심부로 진출했다. 하지만 바로 그 순간부터, 한국 교회는 빠르게 퇴화하기 시작했다. 성장과 축복에 집착하면서, 성령과 복음으로 억제되었던 교만과 탐욕이 다시 고개를 들기 시작한 것이다. 영성과 윤리가 빠르게 추락하면서, 교회는 내적 분열과 외적 비난에 시달리기 시작했다. 급상승하던 성장곡선은 빠르게 하향세로 돌아섰고, 교회는 이 땅에서 점점 더 고립되었다. 이런 맥락에서, 대형교회의 세습이 사회적 쟁점으로 떠올랐다. 이는 한국 교회의 내적 모순의 논리적 귀결이자, 그 모순을 가속화·극대화하는 치명적 독소였다.

그렇다면 세습은 무엇인가? '세습'은 혈연관계에 있는 비속이

존속이 차지하고 있던 어떤 '지위'를 존속의 '퇴임' 또는 '사망'시 '승계'하는 것을 일컫는다. 세습은, 혈연관계 그 자체를 원인으로 하여 당연히 지위를 승계 받는 '직접 세습'과, 별도의 절차를 거치기는 하지만 혈연관계가 가장 큰 고려 요소로 작용하는 '간접 세습'으로 구분할 수 있다. 교회 세습을 정당화하는 입장에선, 교회 재산을 물려주는 것이 아니라 '사역'을 물려주는 것이므로 '세습'이란 용어가 적절하지 않다고 주장한다. 법적 절차를 거치고 다수의 지지를 얻었기 때문에 '세습'이 아니라고 항변하기도 한다. 교회언론회가 목회자를 대상으로 한 설문에서도 16%만이 세습이라는 용어 선택이 적절하다고 했을 뿐, 84%는 부적절하다고 답했다. 한국기독교총연합회도 '세습'이라는 용어가 부적절하다고 입장을 밝힌 바 있다. 하지만 혈연관계가 승계에서 가장 큰 영향을 끼치기 때문에, 이런 현상들을 '세습'으로 규정해도 문제는 없다. 그럼에도 이런 현상들을 '교회 세습'이라고 하는 것은 정확한 표현이 아니다. 교인들의 총유 재산인 교회는 세습의 대상이 될 수 없기 때문이다. 우리가 흔히 '교회 세습'이라고 지칭하는 것은 교회 자체가 아니라, '담임목사의 지위'를 혈연관계를 이용해서 일정한 법적 절차를 거친 후 승계하는 것을 말한다. 따라서 문제가 되는 것은 '담임목사직 세습'이다. 그럼에도 이미 '교회 세습'이란 용어가 보편화되었기 때문에, 이 글에선 이 용어를 계속 사용할 것이다.

이 책은 2012년 11월 2일 출범한 '교회세습반대운동연대'(이하 세반연)의 활동과 성과를 정리한 것이다. 교회 세습이 한국 교회와 사회의 심각한 비판의 대상으로 부각된 후, 세반연은 교회 세습의 현황과 실태를 밝히고, 이것의 치명적 오류들을 다양한 관점에서 비판적으로 분석함으로써, 이 문제에 대한 여론 형성과 세습 방지를 위해 꾸준히 다각도로 노력해 왔다. 이제 그 활동을 마무리하면서, 그동안의 활동과 성과를 바탕으로 한국 교회 세습의 실체, 이를 둘러싼 치열하고 복잡한 갈등 그리고 이에 대한 신학적 성찰 등을 간략하게 정리하고자 한다. 이를 통해 한국 교회를 부패와 추락으로 견인하는 세습의 고리가 끊어지고, 개혁과 부흥을 향한 극적인 방향전환이 일어나길 소망한다.

* 이 책은 교회세습반대운동연대가 주최한 각종 포럼, 간담회, 기자회견 자료 등을 토대로 한 것으로, 자료를 제공해 주신 분들의 수고로 만들어졌습니다. 참여해 주신 분들께 감사드립니다.

제1부

—

세습과
교회

제1장
배경과
원인

1. 사회문화적 원인

(1) 가족주의

'가족에 대한 배려와 관심'을 핵심적 가치로 삼는 '가족주의'
는 한국 사회의 '조직 원리'다. 옳고 그름의 판단 기준이 때로는
가족에 대한 배려와 관심, 나아가 가족관계의 유지에 얼마나
충실한가일 정도이다. 여기서 부모와 자식의 관계가 가장
기본이며, 이 관계의 핵심은 효다. 동시에, 자녀에 대한 부모의
책임의식은 무한하며, 그 결과 혈통을 잇는 자녀들에게 부와

권력을 물려주는 관행, 즉 상속제도가 자연스럽게 발달했다. 특히 상속제도는 제사상속, 재산상속, 호주상속으로 세분화되었고, 이를 통해 가족제도가 지속되었다. 이런 가족주의가 교회 안에서 세습의 문화적 토양으로 기능해 왔다.

(2) 세습자본주의

해방 이후, 한국 사회는 분단과 냉전을 경험하면서 자본주의 사회로 변모했다. 국가주도형 산업화를 추진한 결과, 경제발전이 시대적 가치와 국가적 목표가 되었다. '잘 살아 보세'라는 구호를 외치며 온 국민은 정말 열심히 일했다. 그 결과, 자본주의가 한국 사회의 의식과 체제 속에 깊이 뿌리를 내렸다.

하지만 이런 자본주의가 가족주의와 결합하면서, 소위 '세습자본주의'라는 기이한 현상이 나타났다. 부자 부모들이 자식들에게 건물, 사업체, 부동산 등을 물려주는 것이 일상화된 것이다. 이런 맥락에서, 대형교회 세습이 재벌가의 세습과 유사한 것은 결코 우연이 아니다.

(3) 생존 욕구

지난 세기 한국 역사는 비참했다. 나라를 잃었고, 다시 찾은 나라조차 몇 년 뒤 전쟁으로 초토화되었기 때문이다. 이런 상황에서, 이 땅의 사람들에게 가장 큰 목표는 '생존'이었다.

생존을 위해 남과 경쟁하지 않을 수 없고, 경쟁을 위해 남을
배제하지 않을 수 없다. 그런데 생존은 단순한 생존이나 '자기보존'
에 머물지 않고, 니체의 말을 빌리자면 '자기상승'을 요구한다.
오늘날 한국 교회를 이끌고 있는 목회자, 장로, 집사들도 동일한
욕구에 따라 생각하고 행동한다. 오히려 하나님의 힘을 빌려,
세상의 논리와 삶의 방식을 이용해서 성공을 거두려는 욕망이
세상 사람들보다 더 강하다.
이런 욕망이 교회 안에서 세습을 가능케 한다.

⑷ 무한경쟁

한국 교회의 부흥이 정점에 달했던 1980년대 후반에 기존
신학교들의 정원이 크게 늘었고, 새로운 신학교들이 세워지면서
재학생과 졸업생이 급증했다. 하지만 1990년대부터 교회의 양적
성장이 정체·둔화되면서, 사역지를 찾지 못한 목회자의 수가
계속 늘어났다. 목회자는 이미 과잉 배출되어(2012년 현재 230개 교단, 14만
목회자, 78,000개 교회) 2011년 말 당시 2만 개로 추산되던 편의점보다 더
과밀한 생존경쟁에 내몰리고 있다.
한국 개신교가 겪는 개척교회의 위기는 한국 사회 자영업의 위기,
부교역자 처우 문제는 비정규직 문제, 신학생들은 청년실업과
고스란히 중첩된다. 세습이 초대형 교회뿐 아니라 중소교회까지
편만하게 확산되는 이유는 사실상 직업적 생존 위기와 관련이

있다. 즉, 무한경쟁의 종교시장에서 안정된 목회처를 확보하기가 점점 어렵게 되자, 자식의 미래를 걱정하는 담임목회자가 자신의 자리를 물려주려는 노력과 경향이 강해져 간 것이다.

2. 교회적 원인

(1) 담임목회 지상주의

신학을 공부한 사람들이 사역할 수 있는 영역과 방법은 다양하다. 담임목사로 사역할 뿐 아니라, 부목사로 교회 행정이나 교구를 담당할 수도 있다. 교육이나 상담 분야에서 전문가로 사역할 수도 있고, 기독교 NGO단체, 출판과 언론기관, 복지 관련 분야에서도 활약할 수 있다. 하지만 한국 교회에서 신학을 전공한 사람들, 특히 목사 안수를 받은 사람들의 상당수는 여전히 담임목사 되는 것을 최종 목표로 삼고 있다. 그 결과, 제한된 담임목사 자리를 놓고 치열한 경쟁이 벌어질 수밖에 없다. 특히 교회 성장이 둔화되고 목회 환경이 악화되는 상황에서, 자식이 목사인 담임 목회자들에게 세습은 대단히 매력적인 유혹이 될 수밖에 없다.

(2) 성장 지상주의

지난 30년간 한국 교회는 '성장'과 '부흥'에 총력을 기울였다.

경제성장이 물적 토대가 되었고, 성령운동이 영적 동력으로
기능했으며, 때마침 교회성장학이 신학적 이론을 제시했다.
전국에서 모든 교회가 전도에 몰두했고, '총동원'과 '배가운동'
이 시대적 슬로건이 되었으며, '성전 건축'이 지상과제가 되었다.
그렇게 교회는 성장으로 자신의 존재를 증명했다.
이렇게 교회 성장이 교회의 궁극적 관심이 된 상태에서, 한국
교회는 질적 성장이나 균형발전에 관심을 둘 여력이 없었다.
양적 성장이라는 궁극의 목표를 실현하는 데 도움이 된다면
모든 수단이 정당화되고 활용되었다. '세습'마저 얼마든지 가능한
선택이었다. 그렇게 해서라도 교회가 지속적으로 성장할 수만
있다면 말이다.

(3) 개교회 중심주의

해방 이후, 한국 교회는 월남한 북한 출신 성도들을 중심으로
근본적으로 재구성되었다. 즉, 해방 전, 한국 교회 구성원의 약
70%가 북한 지역에 거주하고 있다가 해방 후 분단과 한국전쟁을
거치면서 대거 월남하여 남한의 교인이 급증한 것이다. 그리고
한국전쟁이 남긴 상처와 빈곤 속에서, 목회자와 성도들의 경이로운
헌신으로 단기간에 많은 교회들이 세워지고 빠르게 성장했다.
정교분리 사회에서 국가의 도움을 받을 수 없었고, 교단의 특별한
후원도 기대할 수 없었다. 철저한 시장경제 논리 속에서 개(個)

교회들은 무한경쟁에 뛰어들었고, 각자의 능력과 운에 따라
성장하거나 문을 닫았다.

개척과 건축 그리고 성장은 오로지 개교회의 몫이었다. 아무도
도와주지 않는 상황에서, 개교회들은 담임목사를 중심으로 전
성도가 힘을 합쳐 생존과 성장을 위해 몸부림쳐야 했다. 이런
현실이 가족주의와 결합되면서, 개교회중심주의가 한국 교회의
중요한 특징이 되었다. 세습은 이런 역사와 문화의 자연스러운
결과물이다.

⑷ 성직자 중심주의

한국 교회는 '말씀과 성례'를 교회의 표지로 이해하는 전통적
교회론을 고수해 왔다. 그 결과, 말씀을 선포하고 성례를 집행하는
목회자의 권위와 지위는 그 자체로 신성하고 고귀한 것으로
간주되었다. 특히 목회자가 교회를 개척했거나, 인적·경제적
상황이 어려운 교회에 부임하여 대형교회로 성장시켰다면, 교회
내에서 그의 영향력은 더욱 강해진다.

여기에 한국 사회의 전통적인 가족주의와 권위주의가 맞물려,
한국 교회에서 목회자의 입지와 힘은 가히 절대적이 되었다.
그 결과, 목회자들은 교회의 제반 영역에서, 특히 재정과 인사
문제에서 영향력을 행사해 왔다. 이런 문화와 구조는 그 영향력이
지속되는 것을 오히려 자연스러운 것으로 받아들여지게까지 했다.

(5) 비민주적 권위주의

한국 사회의 뿌리 깊은 가부장적 권위주의는 한국 교회에도
막대한 영향을 끼쳤다. 얼마 전까지 이 나라는 왕의 통치를
받았고, 효를 중시하는 유교 국가였기 때문에, 권위주의라는
전근대적 문화가 기독교 신앙을 받아들인 한국인의 의식과 삶에도
강하게 남아 있었다. 특히, 근대화라는 명분하에 군부독재를
묵인했고, 목회자의 카리스마적 리더십 속에 성장을 경험했던
한국 교회는 민주주의를 교회의 정치제도로 수용하고 뿌리내리는
데 실패했다.

그 결과, 교회의 의사결정 과정에서 민주적 절차는 실종되고,
목회자의 개인적 의견이 결정적 힘을 갖게 되었다. 이런 구조와
문화 속에서, 세습을 원하는 목회자의 뜻에 교인들이 반대하는
것은 결코 쉽지 않을 뿐만 아니라 이미 성도들도 그렇게 학습되고
말았다.

3. 신학적 원인

(1) 뒤틀린 신앙

은퇴하는 목사가 자신의 지위와 특권을 자식에게 세습하려는
것은 근본적으로 하나님의 존재를 무시하거나 망각하기 때문이다.

물론, 교회 성장을 위한 목회자의 헌신과 수고를 부정할 수 없다. 그럼에도 교회는 목회자 개인의 소유물이 아니며, 목회자가 교회의 주인도 아니다. 본질적으로 성도들 전체가 교회를 구성하며, 교회의 머리는 예수 그리스도이시다. 목회자도 교회 구성원 중 한 사람에 불과한 것이다.

교회 성장도 성령과 성도와 목회자가 함께 이룬 것이므로, 이에 대해 목회자의 특별한 지분을 주장할 수 없다. 따라서 목회자가 자신의 자리를 자식에게 물려줌으로써 교회를 실질적으로 사유화하는 것은 교회의 머리이신 예수 그리스도의 자리를 찬탈하는 것이다. 성도들의 공동체인 교회의 본질을 부정하고 왜곡함으로써, 스스로 자신의 이단성을 드러내는 것이다. 이것은 "먹으면 정녕 죽으리라"는 하나님의 명령을 거부하고, 선악과를 따먹었던 아담과 하와의 죄를 반복하는 것이다. 교회 세습의 근본적 원인은 왜곡된 신앙이다.

(2) 탐욕

인류의 타락을 유도했던 사탄의 전략은 인간의 탐욕을 자극하는 것이었다. 사탄은 인간을 유혹해서, 금지된 열매에 주목하게 만들었다. 금지된 열매를 보았을 때, 인간 안에 숨어있던 욕망이 강력하게 폭발했다. "먹음직도 하고 보암직도 하고 지혜롭게 할 만큼 탐스럽기도 한" 열매를 먹고 싶다는 욕망에 압도되어, 인간은

먹으면 죽는다는 하나님의 준엄한 명령마저 무시하고 만 것이다. 여러 교회에서 목회자들이 자신들의 공로나 권위를 내세워, 그리고 교회의 부흥과 성장이란 명분을 앞세워 세습을 시도하는 것은 기본적으로 목회자의 탐욕 때문이다. 자신이 오랜 세월 동안 수고하여 성장시킨 교회에 특별한 애정과 공로의식을 갖는 것은 인간적으로 지극히 당연하다. 하지만 애정과 공로의식이 도를 넘어, 자신의 성취를 영구화하거나 사유화하려는 욕망에 사로잡힐 때, 교회의 주인이 하나님이라는 진리도, 교회가 세습의 대상이 될 수 없다는 사실도, 세습을 향한 사회의 통렬한 비판도 무시하게 된다. 결국 탐욕이 세습의 강력한 동기인 것이다.

(3) 신학의 부재

한국 교회의 다양한 병리현상을 면밀히 분석한 전문가들은 이구동성으로 목회자들의 '신학의 부재'를 결정적 원인의 하나로 지적한다. 제대로 준비된 목회자를 양성하기에 평균 3-4년의 신학 교육으로 충분하지 않으며, 그나마 현장 중심의 실천신학에 교육의 방점이 놓여 있기 때문에, 목회자들의 신학적 소양이 부족한 것은 거의 필연적이다. 게다가 담임목회를 시작할 경우, 목회 현장의 독특한 환경(심방, 회의, 행사 위주의 목회 등)과 분주한 일정 때문에 목회자들이 자신의 신학적 소양을 제고하는 것도 쉽지 않다.

이런 상황이 장기화되면서, '부흥과 성장'이라는, 교회 안팎의
압력과 경쟁에 노출된 목회자들에게 목회는 사업이 되고
교회는 기업이 된다. 따라서 목회 현장의 현실적 필요와 과제를
해결하기 위해 성경과 성령보다 전략과 기술에 의존하게 되고,
신학은 경영학과 자기계발서에 자리를 내주게 된다. 이는 신학적·
성경적으로 옳고 그름보다 교회의 외형적·양적 성장이 궁극적
관심이 된 결과다. 이런 목회자와 목회 현장의 현실이 성경
및 신학과 상관없는 종교집단으로 교회를 변화시킴으로써,
세습이라는 반성경적·비신학적 현상을 가능케 한 것이다.

(4) 왜곡된 신학

20세기 후반에 한국 교회를 지배한 신학은 교회성장학과
번영신학이다. 국가적 차원에서 경제개발을 추진하던 시절, 부흥과
성장이 한국 교회의 궁극적 관심이 되었다. 전 국민이 잘 살아보기
위해 땀 흘리며 일할 때, 교회도 양적 성장과 물적 축복을
앙망하며 성령 체험과 복음 전파에 몰두했다. 그 결과, 한국
교회는 강력한 영적 체험과 경이적인 성장으로 세계적 관심의
대상이 되었지만, 그런 체험과 성장 이면에서 예기치 않은 부정적
결과가 나타났다. 즉, 부흥과 각성의 동력이었던 성령운동과 복음
전파가 양적 성장과 물질적 축복의 수단으로 남용되기 시작한
것이다.

이 과정에서, 교회성장학과 적극적 사고방식 그리고 번영신학이 첨단신학으로 수입되어 한국 교회 전역으로 빠르게 확산되었다. 그렇게 교회성장은 한국 교회의 지상과제가 되었고, 이런 목적에 유용하면 모든 것이 정당화되었다. 교회 내에서 세습이 유행하고 정당화되는 참담한 현실은 성장에 대한 교인들의 집착, 그리고 이런 현상을 부추기고 강화하는 왜곡된 신학들과 무관하지 않다.

제2장
역사와
현황

1. 교회 세습의 역사

1973-1999년

기록으로 확인할 수 있는 최초의 교회 세습은 1973년 도림교회 (통합)에서 발생했다. 사회선교의 개척자적 역할을 했던 이 교회의 유병관 목사 후임으로 아들 유의웅 목사를 청빙한 것이다. 1980 년대에는 부평교회(1980, 기감)와 길동교회(1986, 합동)에서 아들이 아버지의 뒤를 이어 담임목사가 되었다. 이렇게 드물게 진행되던 교회 세습은 1990년대 이후 가속도가 붙기 시작했다. 1995년에 대구 지역의 대표적 교회인 대구서문교회(합동)와 부천의 기둥교회 (기감)가 은퇴하는 목사의 아들들을 후임으로 정했다.

하지만 이때까지 교회 세습은 한국 교회에서 예외적인 현상이었고, 세습으로 인한 교회의 갈등이나 사회적 비난도 별로 없었다. 오히려 아들들이 대를 이어 목회하는 동안 교회들이 크게 성장하여, 후임자 선택과 승계가 성공적이었다는 평가를 받기까지 했다.

하지만 1997년에 충현교회가 교회 개척자 김창인 목사의 아들 김성관 목사를 제4대 담임목사로 정하여 교회 안팎에서 극심한 갈등이 빚어졌고, 교회 세습이 교회적·사회적 이슈로 떠올랐다. 같은 해에 인천 주안교회(기감)에서 한상호 목사가 아버지 한경수 목사의 뒤를 이어 담임목사로 부임했고, 1998년과 1999년에는 한국의 대표적 부흥사들인 신현균 목사(성민교회, 통합)[1]와 오관석 목사 (서울중앙침례교회, 기침)가 아들들에게 자리를 물려주었다. 이 교회들은 은퇴목사의 아들들을 담임목사로 정했지만, 충현교회 같은 심각한 내홍을 겪지 않았고, 사회적 비판도 거의 없었다.

이 시기의 교회 세습은 몇 가지 특징을 보인다.

먼저, 1990년대 이전의 한국 교회에서 세습은 예외적 현상이었다. 1970년대에 한 교회, 1980년대에는 두 교회 정도가 공적으로 알려질 정도로, 세습은 흔한 일이 아니었다.

둘째, 1990년대부터 한국 교회에 세습이 빠르게 증가했다.
1995년부터 5년 동안 6개 교회가 세습을 완료했다. 이는 앞의
경우와 비교할 때, 엄청난 속도로 세습이 증가한 것이다.
셋째, 아직까지 세습이 교회적·사회적 이슈로 부각되지 않았으며,
세습에 대한 부정적 여론도 크게 확산되지 않았다. 충현교회
외에는, 세습 결정 과정에서 불협화음이 거의 들리지 않았으며,
충현교회와 성민교회 외에 다른 교회들은 세습 후 교세가 크게
성장함으로써 오히려 긍정적 평가를 받았다.
넷째, 이 시기의 교회 세습은 합동과 기감이 주도했다. 통합과 기침
소속 교회들도 있었지만, 앞의 두 교단에 비해 수가 적었고,
기성·예성·기장·고신의 모습은 보이지 않았다.
다섯째, 지역적으로, 대구서문교회를 제외하고 절대다수가 경인
지역에 위치했다. 대부분의 대형교회가 이 지역에 밀집해 있기
때문일 것이다.
여섯째, 세습을 완료한 교회들은 대부분 대형교회들이며,
은퇴목사가 개척했거나 장기간 목회하면서 교회를 크게
성장시켰다.
일곱째, 은퇴목사들은 대부분 교단총회장이나 감독을 지냄으로써,
교단적 지위와 영향력이 있었다.

신도 수 8만 명에 이르는 광림교회(기감)가 2001년에 은퇴하는
김선도 목사 후임으로 아들 김정석 목사를 청빙할 계획이라는
사실이 알려지면서, 교계 전체가 홍역을 앓기 시작했다. 이런 상황
가운데 구로중앙교회(기감, 현 베다니교회)에서 곽주환 목사가 아버지
곽전태 목사를 이어 담임목사로 부임했고, 광림교회는 2001년
3월 25일 세습을 완료했다.

이후, 대형교회들이 경쟁적으로 세습에 몰두했다. 교단·학연·
인간관계 등으로 긴밀하게 연결되어 있기 때문에 대형교회
목회자들과 교계의 지도적 목사들이 침묵한 상태에서, 세습을
반대하는 일부 기독교 시민단체들의 목소리는 공허했다. 한기총을
중심으로 대형교회들이 공모한 상태에서, 소수 학자들의 비판은
무기력했다. 2003년 강남제일교회(기침), 2004년 경향교회(고려),
분당만나교회(기감), 2005년 경신교회(기감), 2006년 대성교회(합동),
동현교회(합동), 2007년 종암중앙교회(개혁), 2008년 숭의교회(기감),
금란교회(기감), 계산중앙교회(기감), 2009년 임마누엘교회(기감),
2010년 경서교회(합동), 2011년 대한교회(합동)가 아들에게
담임목사직을 넘겨주었다.

심지어 대학생선교단체인 한국대학생선교회(CCC)에서 창립자
김준곤 목사의 사위 박성민 목사가 새 대표로 결정되었으며(2002),
기독교 일간지 〈국민일보〉의 회장직도 조용기 목사의 아들들(조희준,

조민제)에게 세습되었다(2006, 2012). 세습의 영역이 교회 담장을 넘어, 선교단체와 교회 헌금으로 세운 기업으로까지 확장된 것이다. 큰 저항이나 분란 없이 세습이 완료되고 성장한 교회들도 적지 않았다. 분당만나교회와 경향교회 등은 대표적 성공사례로 거론된다. 하지만 후보자의 자격과 결정 과정의 불법성 때문에 교회가 분열되고 법정 소송에 휘말린 교회도 여럿이다. 종암중앙교회와 강남제일교회가 대표적인 예로, 지금까지 분쟁이 계속되고 있으며, 교세도 급격히 약화되었다. 증가성결교회, 대흥침례교회, 경신감리교회 등은 무리한 세습 시도가 교인들의 강력한 반대에 부닥쳐 무산된 경우다.

한편, 감리교를 대표하는 김선도·김홍도·김국도 형제는 모두 아들들에게 교회를 물려준 전대미문의 예를 남겼고, 숭의교회는 3대째 세습에 성공했다. 모두가 전례 없던 현상이다.

이 시기에 진행된 교회 세습의 특징은 다음과 같다.
첫째, 교회 세습이 매년 이루어졌다. 한국에서 교회 세습은 더 이상 예외적 현상이 아니라, 낯익은 일상이 되었다.
둘째, 세습 교회의 수가 증가하면서, 세습하는 교단의 범주도 넓어졌다. 하지만 여전히 합동과 기감의 수가 압도적으로 많았다.
셋째, 세습한 모든 교회가 서울·인천·부천 등 경인 지역에 밀집되어 있었다.

넷째, 세습한 교회들은 대부분 대형교회이며, 전국적으로 널리 알려진 교회다.

다섯째, 세습한 교회들은 원로목사들이 개척했거나, 30년 이상 목회했다는 공통점이 있다.

여섯째, 세습에 성공한 교회의 원로목사들은 대부분 각 교단 총회장과 감독을 지냈다. 심지어 한기총과 KNCC 대표회장을 지낸 사람도 여러 명 포함되었다.

일곱째, 아들에게 교회를 물려준 목회자들은 교단적 배경과 상관없이 대단히 보수적인 목회자들이다.

여덟째, 세습의 범주·대상·방식에서 다양해지기 시작했다. 즉 선교단체, 사위세습, 변칙세습, 기업세습 등 새로운 방식의 세습이 등장한 것이다.

아홉째, 세습으로 인한 갈등과 폐해가 극심해졌다. 부당한 세습의 사례가 점점 늘어나면서 교인들의 저항도 거세어졌고, 그 결과 극단적 분열이 빈번하게 나타났다. 따라서 그에 따른 고통도 감당할 수 있는 정도를 넘어서곤 했다.

2012년-현재

이 기간 동안, 4건의 주목할 만한 교회 세습이 이루어졌다. 제일성도교회(합동)가 은퇴하는 황진수 목사 후임으로 진웅희 목사를 청빙했다. 진 목사는 황 목사의 사위다. 2011년에

제일성도교회는 진웅희 목사를 후임으로 정하고 주보에
청빙목사로 이름을 올렸으나, 진 목사의 자격시비가 불거지면서
내분과 비난에 시달리게 되었다. 임시당회장뿐 아니라 황 목사와
일부 교인들이 진 목사 청빙을 추진했으나, 황 목사의 성추문 사건
등으로 심각한 내홍을 겪으면서 진 목사 청빙은 백지화되었다.
그 후 후임자를 쉽게 정하지 못하고 어려움을 겪다가, 2015년에
이훈창 목사가 제2대 담임목사로 청빙되어, 마침내 오랜 분쟁이
종식되었다.
같은 시기에, 광명동산교회(합동)에서 교회 세습이 시도되었다.
이 교회를 개척한 최성용 목사가 은퇴하면서 자기 아들을 새
담임목사로, 자신을 원로목사로 추대하려 했다. 하지만 취임예배에
아들 최정환 목사가 나타나지 않으면서, 교회는 걷잡을 수 없는
소용돌이에 휩싸였다. 후임자 결정 과정의 불법성이 드러나면서
최성용 목사는 총회에서 제명되고, 아들의 청빙도 취소되었다.
이후 이수웅 목사가 교회에 의해 신임 목사로 결정되었지만,
원로목사 측과 갈등이 빚어졌고, 교인들 간의 물리적 충돌과
법정싸움까지 벌어졌다. 원로목사를 지지하는 목회자들이
총회 재판국 결의문까지 조작하여 법원에서 유죄 판결을 받는
지경에까지 이르렀다. 지금은 이수웅 목사 중심으로 상황이
수습되고, 교회가 안정을 되찾은 것으로 보인다.
이런 상황에서, 한기총 대표회장을 지낸 왕성교회(합동) 길자연

목사와 성남성결교회(기성) 이용규 목사가 잇따라 세습을 성사시켰다. 왕성교회의 경우, 2003년 지교회 형식으로 과천왕성교회를 세웠고, 2005년부터 길자연 목사의 아들 길요나 목사가 담임으로 사역했다. 왕성교회는 2012년 3월 25일 공동의회를 열어, 서울왕성교회와 과천왕성교회의 합병을 결의하고, 길 목사 부자를 동사(同事)목사로 임명했다. 일부 교인들이 회의 소집의 부당성을 지적했지만 회의는 강행되었고, 거수로 모든 결정이 이루어졌다. 왕성교회는 10월 8일에 다시 공동의회를 열고 길요나 목사를 담임목사로, 길자연 목사를 원로목사로 결정했다. 성남성결교회는 2013년 1월 20일 사무총회를 열고 세습을 확정했다.

성남성결교회는 이용규 목사의 아들 이호현 목사를 후임 목사로 청빙하는 안건을 사무총회에 상정했고, 사무총회에 참석한 교인 211명이 만장일치로 청빙에 찬성했다. 세습 결정을 비공개로 진행한 왕성교회와 달리 성남교회는 이 과정을 세상에 공개했다. 두 교회 모두 자신들의 결정이 절차상 문제가 없고, 후임 목사의 자격과 자질이 충분하며, 교회가 원하기 때문에, 세습이 아니라고 강변했다.

그렇다면 이 시기의 세습들은 어떤 특징을 보여 주는가? 먼저, 세습을 강행한 교회들 중 예장합동 교회들이 압도적으로 많다. 둘째, 그동안 합동과 세습을 양분했던 감리교회가 보이지 않는

반면, 성결교회(기성)가 처음으로 모습을 드러냈다. 셋째, 예전보다
세습 과정에서 불협화음이 더 크게 들려왔다. 현재까지도 그
진통에서 벗어나지 못한 교회가 대부분이다. 넷째, 교단총회장과
한기총 대표회장을 지낸 목사들의 교회가 세습에 성공함으로써,
'한기총은 세습 왕국'이란 오명을 이어갔다. 다섯째, 세습한
교회들은 은퇴하는 목사가 개척했거나 40년 가까이 목회함으로써,
교회 내에서 그들의 영향력이 막강했다.

2. 교회 세습의 진화

(1) 내용 및 종류

세습이 교회의 크기와 상관없이 한국 교회 전반으로 빠르게
확산되면서, 이에 대한 교회 안팎의 비판도 거세졌다. 이렇게
세습에 대한 교회적·사회적 비판이 고조되자, 교단 차원에서
세습을 금지하려는 움직임이 활발해졌다. 감리교와 장로교(통합)
에서 세습금지법을 제정한 것이 대표적인 예다.
세습에 대한 교회 안팎의 여론이 악화되고 이를 제지하려는 법적
장치가 강화되면서 세습이 억제되는 효과도 있었지만, 세습이
다양한 형태로 변모하는 기현상도 나타났다. 소위 '변칙 세습'이
나타난 것이다.

기존의 대표적 세습 형태는 '직계 세습'이었다. 아버지가 아들에게 자신의 담임목사직을 승계하는 것이다. 혹은 장인이 사위에게 자리를 세습하는 경우다. 하지만 이런 형식의 세습이 교단에 의해 법적으로 금지되자, 지교회 세습, 교차 세습, 다자간 세습, 징검다리 세습, 분리 세습, 통합 세습, 동서간 세습, 쿠션 세습 같은 변칙적 세습이 등장했다.

지교회 세습 아들 목사나 사위 목사에게 직접 교회를 물려주는 일이 어렵게 되자, 지교회를 설립한 후 그 교회에 아들이나 사위가 담임으로 부임하도록 하는 형태다. 지교회 세습은 명분과 방식에서 비난을 피할 수 있다는 점에서 변칙 세습의 가장 일반적인 형태에 해당한다. 소망교회와 왕성교회의 경우가 대표적이다.

교차 세습 규모가 비슷한 두 교회의 목회자들이 아들 목사들을 상대방 교회 담임목사로 세우는 방식이다. 다시 말해, 이쪽 교회 담임목사의 아들을 저쪽 교회가 청빙하여 받아들이고, 저쪽 교회 담임목사의 아들을 이쪽 교회가 청빙하여 받아들이는 형태다. 교차 세습의 사례로 천안의 가나안교회(기성)와 간석제일교회(기성) 등이 보고되었다.

다자간 세습 교차 세습이 두 교회 목사들이 자식들을 바꾸어 세습하는 것이라면, 다자간 세습은 여러 교회들이 자식들을 더욱 복잡한 방식으로 교환하여 세습을 시도하는 것이다. 한양제일교회 (기감), 은혜교회(기감) 등에서 이런 방식으로 세습을 시도했다.

징검다리 세습 할아버지가 목회하는 교회에서 손자가 담임목사직을 승계하는 경우다. 즉, 할아버지가 자신의 아들이 아닌 손자에게 세습하기 때문에, 징검다리 세습이라는 명칭이 붙었다. '격세세습 (隔世世襲)'으로 불릴 수도 있다. 순천광명교회(통합), 전주호남교회(예성), 서천제일교회(기감)에서 시도되었다.

분리 세습 아버지 목사가 개척한 여러 교회 중 하나를 아들 목사에게 맡기는 세습 방식이다. 예를 들어, 본 교회 외에 다른 복수의 교회를 분립 개척한 후, 그중 한 교회를 자신의 아들에게 물려주는 방식이다. 이 방식 역시 외형적으로는 직접적인 세습 방식을 띠지 않으면서 실질적으로는 세습을 관철시키는 이른바 '양태론적 변칙 세습'의 일종이라고 할 수 있다. 명성교회(통합)와 소망교회(통합)의 경우가 여기 해당한다.

통합 세습 아들이 개척한 교회에 아버지 교회가 통합한 후, 통합된 교회를 아들에게 물려주는 방식이다. 교회 성장이 답보상태에

처한 아버지의 교회와 아들의 교회가 분위기를 일신하고 반전을 모색하기 위해, 대통합이라는 명분하에 두 교회를 통합하고 목사직을 세습·이양하는 방식이다. 왕성교회(합동)가 대표적인 예다.

동서간 세습 동서간에 교회를 넘겨주어 대물림하는 방식이다. 통계상으로는 한 곳의 교회(영일교회, 기감)에서 시도한 것으로 보고될 정도로 극히 예외적인 경우다. 이 경우, 친인척 사이에서 담임목사직을 이양하는 것이므로 '친인척 세습'으로 부르기도 한다.

쿠션 세습 아버지 목사가 자신과 가까운 목사에게 교회를 형식적으로 이양한 다음, 이를 다시 아들 목사에게 물려주는 방식이다. 외형적으로 세습이라는 비난을 피하기 위해 임시방편으로 신뢰할 만한 다른 목사에게 담임목사직을 이양한 후, 일정 기간이 지나서 원래 목적대로 아들에게 이양하는 방식이다. 이 변칙 세습은 징검다리 세습과 약간 유사한 방식으로 '건너뛰기 변칙 세습'이라 할 수 있다. 임마누엘교회(기감)가 이런 방식으로 세습을 완료했다.

(2) 변칙 세습의 현황[2]

연도별 2012년 이전에 세습한 교회는 총 92개이며, 이중 71개

교회가 직계 세습을, 21개 교회가 변칙 세습을 각각 완료했다.
반면, 2013년부터 2014년 사이에 무려 28개 교회가 세습에
성공했다. 이중 12개 교회가 직계 세습을 완료했고, 나머지 16개
교회의 경우는 변칙 세습에 해당한다. 이로써 2015년까지 세습에
성공한 교회는 총 120개며, 그중 직계 세습은 83개, 변칙 세습이
37개다.
이처럼, 최근에 세습을 진행한 교회가 급증했고, 특히 변칙 세습의
비율이 매우 높아졌다. 이는 세습에 대한 사회적 인식이 급격히
부정적으로 변하기도 했지만, 무엇보다 세습금지법이 제정되면서
이런 여론과 법적 장치를 피하기 위해 궁리한 결과로 보인다.

교단별 세습을 단행한 교회들의 교단을 조사한 결과, 총 19개
교단과 1개 선교단체가 확인되어, 세습 현상이 특정 교단이나
특정 교회만의 문제가 아님을 알 수 있다.
한편, 교단별 세습 분포도에서 기감(39), 예장 합동(23), 예장 통합(11)
순으로 대형교단들이 압도적 우위를 보였다. 소속 교회가 많기
때문에 당연한 결과로 보인다. 더 구체적으로, 이 교단들의 경우,
직계 세습이 변칙 세습보다 훨씬 많다. 예를 들어, 기감의 경우,
세습을 완료한 39개 교회 중 직계 세습이 29곳, 변칙 세습이 10
곳이고, 23개 교회가 세습에 성공한 예장 합동의 경우, 직계와
변칙이 각각 19곳과 4곳이었다.

또 하나 주목할 것은, 교단들 중에서 '기성'에서 최근에 세습
사례가 급증하고 있다는 것이다. 기성의 경우, 총 8개 교회가
세습을 했는데, 그중 5개 교회가 2013-2014년 사이에 세습을
완료했으며, 이들 교회는 모두 변칙 세습에 해당한다.

규모별 교세가 확인된 120개의 세습 교회들 중, 교인 수 500명
미만인 교회가 43개로 가장 많고, 500-1천 명 사이와 1천-5천
명 사이인 교회가 각각 33개로 그 뒤를 이었으며, 5천 명 이상인
교회는 1개뿐이었다. 이로써, 교회의 규모와 세습은 별로 관련이
없다는 사실이 밝혀졌다. 이는 교회 세습이 대형교회를 중심으로
이루어졌다는 종래의 사고에 근본적 변화를 요구한다.
이런 변화는 교회 개척 및 교회 성장이 갈수록 어려워지는 목회
환경에서, 작은 교회라도 물려받는 것이 유리한 선택으로 여겨졌기
때문인 것으로 보인다.

지역별 세습이 발생한 지역은 서울(49), 인천/경기(45), 대전/충청(18),
광주/전라(5), 대구/경북(5), 부산/경남(1) 순이다. 이는 대체로 지역별
교세와 일치한다. 즉, 교회가 많은 지역일수록 세습한 교회가 많은
것이다. 하지만 세습이 특정 지역에 한정되지 않고 있다.
반면, 변칙 세습의 지역별 분포는 약간 차이가 있다. 변칙 세습이
가장 많이 발생한 지역은 인천/경기(15), 서울(12), 대전/충청(6), 광주/

전라(4) 순이다. 특히, 광주/전라 지역의 경우, 세습 교회 5곳 중 4곳이 변칙 세습이고, 경상도에는 변칙 세습의 예가 없었다.

유형별 세습 유형 중에서 직계 세습(84)과 사위 세습(14)이 여전히 절대 다수를 차지하지만, 2013년 이후 다양한 종류의 변칙 세습이 급증하고 있다. 예를 들어, 기존에는 지교회 세습이 변칙 세습의 주를 이루었지만, 최근에는 징검다리 세습(4), 다자간 세습(3), 복합 세습(2), 교차 세습(2), 동서간 세습(1)이 동시다발적으로 발생하고 있다.

최근 이렇게 변칙 세습의 유형이 다양해지면서 그 사례도 급증하는 것은 교단 차원의 세습금지법이 통과되면서 교회별로 법망을 피해 세습을 관철시키려는 방법을 다각도로 모색하기 때문인 것으로 해석된다.

3. 교회 세습에 대한 인식

(1) 총론[3]
교회의 담임목사직 세습에 관해 설문에 응답한 목회 관련자 84.7%, 일반인(비기독교인) 61.6%가 반대했다. 세습이 한국 교회와 한국 사회에 부정적인 영향을 미칠 것이라고 응답한 목회 관련자의 비율이 각각 89.0%와 88.1%인 반면, 일반인은 78.6%와 73.5%로 나타났다. 농어촌의 미자립 교회나 소규모 교회에서의 세습에 관한 질문에 목회 관련자 27.9%가 이런 경우에도 세습은 안 된다고 응답했고, 일반인은 43.3%가 반대했다.

세습한 교회가 건강하고 긍정적일 때에도, 목회 관련자의 63.8%는 결과와 상관없이 이것은 '세습이며 잘못된 것'이라고 응답했으며, 일반인은 55.3%가 '세습이며 잘못된 것'이라고 응답했다. 또한, 세습이 개교회의 문제가 아니라 한국 교회 전체의 문제인지에 대해 목회 관련자의 84.6%, 일반인의 75.8%가 '그렇다'고 응답했다.

(2) 성별

세습이 한국 교회 전체의 문제라고 생각하는지에 대해 '그렇다'라고 응답한 비율이 여성 77.7% 남성 72.7%로, 여성이 남성보다 높았다.

(3) 연령별

'담임목사인 아버지가 후임 목사로 아들이나 사위를 위임하는 것에 대한 생각'을 묻는 질문에 50대가 가장 부정적(72.2%)이며, 다음이 60대 이상(67.7%)의 순이었고, 10대가 가장 긍정적이었으며, 20대가 그다음으로 긍정적이었다. 교회의 담임목사직 세습에 관한

의견에서도 50대의 반대 비율이 가장 높았으며(76.7%), 그다음이
60대 이상(70.4%)과 40대(70.3%) 순이었다. 역시 10대의 반대 비율이
가장 낮았으며(31.0%), 그다음이 20대(50.5%)의 순으로 나타났다.
농어촌의 미자립교회나 작은 교회의 세습에 관한 질문에서도
50대가 가장 단호한 입장을 보여 주었으며, 그다음이 30대(49.6%)로
나타났다.
교회만 부흥한다면 세습도 상관이 없다고 생각하는지에 관한
질문에서, 30대가 '그렇다'고 응답한 비율이 8.9%로 가장 낮고,
다음으로 50대(14.9%)가 낮은 비율인 반면, 10대는 33.3%가
'그렇다'고 대답하여 가장 높은 비율을 보여 주었다.
세습 문제가 개교회 문제가 아니라 한국 교회 전체의 문제라고
생각하는 정도는 연령에 따라 통계적으로 유의미한 차이가
있었다. 30대 이상 연령층의 80.0% 이상이 '그렇다'고 응답했으며,
그중에서도 40대의 비율이 가장 높았고, 10대가 44.9%로 가장
낮은 비율을 보여 주었다. 아직까지 10대들은 교회 문화나 교회
내부 사정을 잘 모르기 때문에 나타난 결과로 보인다.

(4) 종교별

아들이나 사위를 후임 목사로 위임하는 것에 대해, 응답자의
종교에 따라 통계적으로 유의미한 차이를 보여 주었다. 기독교인의
58.2%가 이러한 행위를 명백한 세습이며 잘못이라고 응답했으며,

비기독교인의 50.2%도 동일하게 응답했다. 비기독교인의 경우, '법대로 했으면 문제없다'고 응답한 비율이 44.9%인 반면, 기독교인의 경우에는 37.4%만이 동일하게 응답했다.

교회 담임목사직 세습에 관한 의견을 물은 결과, 기독교인은 4.9%가 찬성하고 74.8%가 반대했으나, 비기독교인의 경우, 3.1%가 찬성하고 47.6%는 반대했다. 특이한 점은 비기독교인의 약 절반(49.3%)이 세습 문제에 관심 없다고 응답한 것이다. 이는 단순히 세습 문제에 대한 무관심뿐 아니라, 기독교 자체에 대한 무관심이 반영된 것으로 해석할 수 있을 것이다.

부흥만 된다면 세습도 상관없는지에 관한 질문에 기독교인은 '그렇다'고 응답한 비율이 19.9%인 반면, 비기독교인은 14.5%만이 '그렇다'고 응답했다. 이외에도, 세습이 한국 교회 전체의 문제라고 생각하는지에 관한 질문에 '그렇다'라고 응답한 기독교인의 비율이 비기독교인의 비율보다 10.0% 포인트 정도 더 높았다.

⑸ **직분별**

아들이나 사위를 후임 목사로 위임하는 것에 대해, 안수집사의 70.2%가 '명백한 세습이며 잘못'이라고 응답한 반면, 평신도는 49.6%만이 동일한 응답을 했고, 45.8%가 '법대로 했으면 문제없다'고 했다. 이런 차이는 교회 사정에 대한 관심이나 정보의 차이에서 비롯된 것으로 보인다. 교회 담임목사직 세습에 관해 어떻게

생각하는지 알아본 결과, 권사의 83.9%가 반대하여 가장 높은
비율을 나타냈으며, 평신도는 65.1%만이 반대하여 가장 낮은
비율을 보여 주었다.

'세습에 관심 없다'고 응답한 비율은 권사가 9.2%로 가장 낮은
반면, 평신도는 30.9%로 높게 나타났다. 세습이 한국 교회 전체의
문제라고 생각하는지 물어본 결과, '그렇다'고 응답한 장로의
비율이 90.0%로 가장 높았으며, 평신도의 비율은 74.6%로 가장
낮게 나타났다. 이런 차이 역시 관심과 정보의 차이에서 비롯된
것으로 보인다.

(6) 학력별

담임목사인 아버지가 아들이나 사위를 후임으로 임명하는 것은
'명백한 세습이며 잘못'이라고 응답한 비율은 대학원 이상 졸업한
응답자에게서 가장 높게(60.8%) 나타났으며, 다음이 대졸(60.4%)
이고, 대학교 중퇴나 전문대졸이 43.3%로 가장 낮게 나타났다.
담임목사직 세습에 관한 의견에서도 대학원을 졸업한 응답자들의
반대 비율이 가장 높고(78.7%), 중졸 이하가 46.2%로 가장 낮았다.
전문대를 졸업한 응답자 중의 44.8%가 '세습에 관심 없다'고
응답하여 가장 높은 비율이었고, 대학원 이상의 응답자들은
18.0%만이 '관심 없다'고 응답했다.

교회만 부흥된다면 세습도 괜찮은지에 대해서도 전반적으로

학력이 높은 응답자들이 학력이 낮은 응답자들보다 부정적인 견해를 보였다. 대졸자들이 가장 높은 비율(86.4%)로 반대했으며, 다음이 대학원 이상 졸업자들(84.9%)이고, 중졸 이하의 응답자들은 74.5%가 반대했다.

(7) 지역별

담임목사인 아버지가 아들(사위)을 후임으로 임명하는 것은 '명백한 세습이며 잘못'이라고 응답한 비율은 서울 거주자들과 수도권 신도시 거주자들이 57.1%로 가장 높았으며, 다음이 중소도시 거주자들(56.6%)이었다. 반면, 읍/면/도서 지역 거주자들의 비율은 45.8%로 가장 낮았다. 담임목사직 세습에 관한 견해를 물어본 결과, 수도권 신도시 거주자들의 71.0%가 반대했고, 다음이 서울 지역 거주자들(64.7%)이었다. 찬성한다는 비율은 광역시 거주자들이 9.0%로 가장 높았으며, 다음이 읍/면/도서 지역 거주자들로 5.7% 가 찬성했다. 세습 문제에 관심 없다고 응답한 비율이 도청소재지 거주자들 사이에서 무려 48.0%로 나타났다.

'교회만 부흥한다면 세습이라도 상관없다'고 생각하는지에 관한 입장은, 수도권 신도시 거주자들이 '아니다'라고 응답한 비율이 85.9%로 가장 높게 나타났고, 다음이 도청 소재지 거주자들(84.6%), 그다음이 서울 지역 거주자들(83.9%)이었다. 반면에 읍/면/도서 지역 거주자들의 26.9%는 '그렇다'고 답하여 가장 높은 찬성 비율을 보여 주었다.

특히 도청소재지 거주자의 48%가 세습 문제에 관심이 없다고 응답했고, 다시 84.6%가 '교회만 부흥하면 세습이라도 상관없다' 라고 답변하여, 얼핏 이들의 생각에 일관성이 결여된 것처럼 보인다. 하지만 이런 차이는 그들이 교회 세습 문제에 별로 관심이 없으나, 부흥을 세습의 이유로 제시하는 것은 상식적으로 납득할 수 없다고 판단했기 때문에 비롯한 결과로 이해된다. 따라서 '세습 자체에 대한 상대적 무관심'과 '세습의 정당화로 부흥을 거론하는 것에 대한 거부 반응'이 본질적으로 상충되거나 모순되는 것으로 해석될 여지는 없다.

(8) 소득별

응답자 가운데 월 소득 400~500만 원인 사람들 중 76.5%, 500만 원 이상인 사람들 중 74.7%가 '명백한 세습이며 잘못' 이라고 응답했고, 200만 원 미만인 사람들 중에는 48.4%가 동일한 응답을 했다.

한편, 500만 원 이상인 사람들의 76.2%가 세습에 반대했으며, 400~500만 원인 사람들 중에는 75.7%가 반대했다. 반면, 월 소득 200만 원 미만인 사람들은 57.0%가 반대했다.

'교회만 부흥한다면 세습이라도 상관없느냐'는 질문에서, 소득에 따라 차이가 있었다. 월 소득 200만 원 미만인 사람들 중 19.0%가

'그렇다'고 응답하여 가장 높은 비율을 나타낸 반면, 400~500만 원인 사람들 중 9.0%만이 '그렇다'고 응답하여 가장 낮은 비율을 나타냈다. 500만 원 이상인 사람들은 9.8%만 '그렇다'고 응답하여 그다음이었다.

'세습이 한국 교회 전체의 문제'라고 생각하는지에 관해서는, 소득이 높을수록 '그렇다'고 응답한 비율이 높았으며, 소득이 낮을수록 '아니다'라고 응답한 비율이 높았다. 월 소득 200만 원 미만인 응답자들은 72.0%가 '그렇다'고 답하여 가장 낮은 비율을 나타냈으며, 400~500만 원인 응답자들은 83.6%가 '그렇다'고 답하여, 가장 높은 비율을 보였다.

한편, 소득이 높을수록 목사직 세습에 관해 잘 알고 있음을 알 수 있다. 월 소득 200만 원 미만인 사람들 중에서 38.0%만이 잘 알고 있다고 응답한 반면, 500만 원 이상인 사람들 중에서는 80.2%가 잘 알고 있다고 응답한 것이다.

제2부

—

세습과
저항

제1장
주장과
특징

1. 세습 당사자들의 주장

"외국에서는 문제가 되지 않는다" 유럽이나 미국에서는, 담임목사가
아들에게 담임목사직을 넘겨준 경우가 '숱하게' 많지만 크게
논란이 된 적이 없다. 솔로몬 스토다드 목사는 손자인 조너선
에드워즈에게 교회를 물려주었고, 빌리 그레이엄, 로버트 슐러,
오랄 로버츠 같은 유명한 목사들도 자식들에게 교회와 단체를
세습시켰다.

"외부인의 경우, 위험이 높다" 외부인을 모시는 것은 교회로서
위험도가 높다. 똑같은 신학을 해도 교회마다 영성의 차이가 있다.
심장이식을 해도 혈액과 피부조직이 서로 맞아야 한다. 같은 교단,
같은 신학교 출신이지만 갈등과 불협화음을 일으킨 경우들이
적지 않다. 그런 점을 고려할 때, 그 교회의 역사와 문화에 익숙한
아들이 담임목사직을 승계하는 것이 가장 안전한 선택이 될 수
있다.

"리더십 공백에 따른 부작용을 최소화할 수 있다" 개척교회로 시작해서
㊌대형교회로 성장한 경우, 해당 목회자의 은퇴로 리더십 공백이
크게 느껴질 수 있다. 이러한 맥락에서, 전임 목회자 자녀에게
담임목회자 자리를 물려주는 것은 리더십 공백과 그 과정에서
발생할 수 있는 잠재적 갈등을 최소화할 수 있다.

"후계자의 역량이 뛰어나면 상관없다" 후계자가 뛰어난 목회 역량을
갖추었다면 혈족주의에 입각한 후계 체계의 일반적인 문제점(즉,
역량이 부족한 후계자의 선발)은 피할 수 있으므로 전혀 문제되지 않는다.
아들이란 이유만으로 그의 후보자 자격을 원천적으로 배제하는
것은 부당하고 역차별이다.

"절차가 정당하면 상관없다" 물려받는 아들이나 사위의 능력과

자질이 충분해서 모든 교인이 원하고, 교회와 교단이 정한 절차를 정당하게 거쳤다면 전혀 문제 되지 않는다. 세습이 부당한 것은 자격 미달인 후보자가 담임목사의 아들이라는 이유만으로, 또 아버지의 절대적 영향 하에 불법적으로 담임목사가 되는 것이다. 그렇지 않다면 문제될 이유가 없다.

"공로를 고려하면, 이 정도는 괜찮다" 은퇴하는 목사가 교회를 직접 개척했거나, 어려운 여건 속에 있던 교회에 부임해서 오랫동안 헌신적으로 사역하여 교회를 크게 성장시켰다면, 교인들은 그의 공로를 인정해야 한다. 이런 상황에서, 은퇴하는 목사가 자신의 후임자로 아들이나 사위를 지명할 경우, 교회는 목사의 공로를 고려하여 그의 뜻에 반대하지 말아야 한다.

"교회 내부 문제다" 교회의 후임자 결정은 어디까지나 그 교회와 교단의 정해진 법과 절차에 따라 처리할 일이다. 그러므로 교회 내부 사정을 제대로 이해하지 못한 외부인들이 주관적인 잣대로 판단하며 개입하는 것은 적절하지 못하다. 이 문제는 어디까지나 당사자인 개교회가 알아서 판단할 일이다.

"교회 성장을 위한 최선책이다" 전임자가 워낙 탁월하여 대형교회를 이룬 경우, 전임자의 빛에 가려 후임자가 자신의 능력을 제대로 발휘하기 힘들다. 이런 상황에서 아들은 후임자로서 큰 장점이 있다. 이미 그 교회의 특성과 분위기에 익숙해 있고, 많은 교인들과 관계를 형성해 왔기 때문에, 교인들도 담임자가 교체된 이후 받는 충격을 최소화할 수 있으며, 목회 방침을 쉽게 이해하고 따를 수 있다. 그뿐만 아니라 원로목사와 담임목사 간에 빚어질 수 있는 혼란과 분열도 막을 수 있다. 따라서 교회 성장을 위한 최선책이다.

2. 세습 당사자들의 주장의 특징

먼저, 철저하게 담임목사 중심적이다. 담임목사의 공로에 집중하고, 아들의 역량을 강조하며, 리더십의 공백을 내세우는 것은 기본적으로 이 문제를 담임목사의 사적·개인적 관점에서 바라보기 때문에 생긴 현상이다. 또한 이들이 다른 후보들의 역량, 교인들의 일반적인 생각, 교회 밖의 여론 등을 별로 고려하지 않고 세습을 강행할 수 있는 것은, 이들이 목회하는 교회에서 절대적인 영향력을 행사하기 때문이다. 즉, 직접 개척했거나 교회 성장에 결정적인 기여를 함으로써 교회가 목회자에게 크게 의존하거나, 목회자 위주로 운영되기 때문에 이런 세습이 가능하고 정당화되는 것이다.

둘째, 지나치게 개교회 중심적이다. 세습은 개별 교회의 내적 문제이며, 외부인이 후임으로 오면 교회가 어려워진다고 주장하는 것은 이들의 교회관이 얼마나 이기적이고 편협한지를 보여준다. 이들은 교회의 공공성이나, 개별 교회가 전체 교회의 일부라는 생각을 하지 못한다. 자신들의 결정이 다른 교회와 한국 교회 전체, 그리고 이 사회에 끼칠 부정적 영향에 대해선 전혀 생각하지 못한다.

셋째, 양적 성장에 과도하게 집착한다. 교회 세습을 교회 성장으로 정당화한다. 그들에겐 양적 성장이라는 지상과제를 위해선 모든 것이 가능하며, 세습도 얼마든지 선택 가능한 대안이 된다. 성장이라는 하나의 목적에 과도하게 집착하기 때문에, 그 안에 숨겨진 탐욕과 악의가 쉽게 간과되고, 목적을 세우고 그에 맞는 논리를 계발한다. 오히려 황당한 궤변과 선동으로 여론을 조작한다.

넷째, 성경이나 신학적 근거를 제시하지 않는다. 이들의 주장은 철저하게 인간적이고 현실적인 이유를 내세워 세습을 정당화할 뿐, 그것이 성경이나 신학적으로 어떻게 정당화될 수 있는지에 관해선 침묵한다. 결국 성경과 신학을 토대로, 동시에 그것의 진리를 교육하고 실천하는 교회가 정작 자신의 가장 중요한 결정에서 철저하게 반성경적·반신학적으로 행동하는 것이다.

(이들 특징에 대한 반론은 제2부 제3장 및 제3부 참고.)

제2장
저항의
기록

1. 개관

1973-1999년

이 기간 동안, 세습에 대한 교계와 사회의 반응은 아직 명확한
형태를 취하지 않았다. 일차적으로, 은퇴목사들이 교회에서
절대적 영향력을 행사하고 있었고, 교단 내에서도 비중 있는
위치에 있었기 때문에, 교회 안팎에서 그들의 세습 결정을 문제
삼기 어려웠다. 또한 후임 목회자 대부분이 외국에서 유학한
박사학위 소지자였고, 목회 승계 이후에도 괄목할 만한 실적을

거둠으로써, 개교회 안에서 아들에게 목회를 승계한 것에
큰 불만이 없었다. 오히려 성도들은 교회 세습을 긍정적으로
평가하기까지 했다.

하지만 1997년 충현교회의 갈등과 분열을 기점으로, 교회
세습에 대한 위기의식과 비판의 목소리가 터져 나오기 시작했다.
충현교회를 개척한 김창인 목사는 1987년에 은퇴했고, 이종윤·
신성종 목사 등 훌륭한 목회자들이 연이어 후임으로 사역했다.
하지만 그들은 자리를 오래 지키지 못했고, 마침내 1997년에
김창인 목사의 아들 김성관 목사가 제4대 담임목사로 청빙되었다.
이 과정에서, 김성관 목사의 자격 시비, 김창인 목사의 과도한
개입, 청빙 결정 과정의 불법성 문제가 불거지면서 분쟁이
시작되었다. 게다가, 김창인 목사와 김성관 목사의 관계가
악화되고, 1999년에 김성관 목사의 폭행 사건이 발생하면서,
상황은 통제 불능 상태에 빠졌다. 결국 3만 명이 넘던 충현교회
신자 수는 5천 명으로 급감했고, 충현교회와 교회 세습에 대한
비난 여론이 형성되었다.

그럼에도 비판의 강도나 규모는 아직 사회적 이목을 끌 정도가
아니었다. 이 시기에 확인할 수 있는 거의 예외적인 공적 비판은
〈기독교사상〉에 실린 동대문감리교회 장기천 목사의 글이다. 그는
당시 확산되던 교회 세습을 성직 세습으로 명명하면서 원론적
차원의 비판을 제기했다. 유서 깊은 동대문교회의 담임목사요

감리교회 감독회장을 지낸 인물이 교회 세습을 공개적으로 비판했다는 점에서 그의 글은 역사적으로 중요한 의미를 지닌다. 유감스럽게도, 이후 그런 지위의 목회자들 안에서 교회 세습에 대한 강력한 비판을 거의 들을 수 없게 되었다는 사실을 고려할 때, 이 글의 의미는 남다르다. 그는 성직 세습에 대해 탄식하며, 다음과 같이 비판했다.

지난 선교 1세기 동안에는 극히 드문 현상이었던 것으로 여겨지는데, 1990년대에 들어서자 여기저기서 감쪽같이, 때로는 공공연하게 성직 세습을 자랑하는 예식이 벌어지고 있다. 세속에 대한 어떤 이익이나 명예도 포기하고 다만 하느님을 사랑하며, 이웃을 위하여 자신을 바치는 데 온 삶을 헌신키로 한 성직자에게 이런 일들은 어떤 이유로도 설득력을 잃게 마련이다. 하느님 나라의 구현을 추구하는 교회로서는 모양새가 구겨졌다는 비판을 면치 못할 것이다. 교회 안에서마저 정실이 판을 친다면 스스로 재앙을 불러들이는 꼴이 된다. 북한의 김일성 부자에게나 있을 법한 못된 일인 줄 알았는데, 거룩하고 은혜로운 교회 안에서도 이런 일이 벌어지고 있다니, 부끄럽고 두렵기조차 한 일이 아닐 수 없다.[4]

2000-2011년

한국 교회의 20세기는 교회 세습을 둘러싼 뜨겁고 치열한 논쟁 속에서 저물었다. 8만 명의 신도 수를 자랑하는 광림교회(기감)가

2001년에 은퇴하는 김선도 목사 후임으로 아들 김정석 목사를 청빙할 계획이라는 사실이 알려지면서(2000. 4. 26), 교계 전체가 홍역을 앓기 시작한 것이다. 물론 이 사실을 제일 먼저 안 것은 광림교회 신자들이다. 교회 홈페이지를 중심으로 즉각 반대의 목소리가 터져 나왔다. 기윤실, 복음과상황, 뉴스앤조이, 새벽이슬 같은 단체들이 2000년 3월부터 기도회와 공동기자회견을 통해 광림교회 세습 반대운동을 시작했다.

하지만 이런 부정적 여론에도 광림교회가 세습 계획을 공식적으로 발표하자(2000. 4. 30), 2000년 6월 3일 기윤실은 집행위원회와 건강교회운동본부 운영위원회의 연석회의를 통해, 담임목사직 세습 반대운동을 결정했다. 감리교회도 동문회 쪽에서 가장 먼저 행동하기 시작했다. 2000년 6월 12일 감리교신학대학교 총동문회가 성명서를 발표하여 "교회와 교역자의 위신을 심각하게 추락시키는 반교회적 행위"요 "중세 교회를 타락시켰던 성직매매와 다름없는 행위"라고 강하게 비판하면서, 세습 금지 조항을 교회법에 포함시켜야 한다고 요구했다.

2000년 6월 30일에는 기윤실도 '일부 대형교회 담임목사직 세습에 대한 우리의 입장'이라는 성명서를 발표하고, "담임목사직 세습과 관련된 대형교회들은 인본주의적 현실을 직시하고 예수님을 명실상부한 교회의 머리로 모시는 결단을 내려야 한다"고 촉구했다.

9월 5일에는 기윤실과 〈복음과상황〉이 세습을 주제로 포럼을 열었다. 이날 모임에서 '대형교회 담임목사직 대물림의 문제'라는 제목으로 이만열 교수가 기조연설을 끝내자마자 광림교회 교인들이 일어나서 방해하여 포럼 진행이 어려워지기 시작했고, 1시간 반가량 논란을 벌인 끝에 결국 포럼을 포기하고 해산을 선언했다.

광림교회도 침묵하지 않았다. 언론과 매체를 통해 자신들의 정당성을 주장하며 적극적으로 반격을 가한 것이다. 한기총(회장 이만신)도 7월 19일에 성명서를 발표하여, "교회와 교단 법에 위배되지 않으면 세습이라 할 수 없다"며 광림교회의 결정을 옹호했다.

상황이 이렇게 전개되자, 한국기독교목회자협의회(회장 옥한흠)도 세습에 대한 (온건한) 비판적 성명서를 발표했다(2000. 9. 18). 이 그룹은 기본적으로 교회 세습에 비판적이었지만, 교회 세습을 반대할 명백한 신학적 근거가 없고, 개교회가 자율적으로 결정할 문제라고 규정했다. 따라서 이들은 교회 세습 문제에 대한 교단 차원이나 법적 통제를 지나친 간섭으로 비판하면서, 개교회가 문제의 심각성을 깊이 인식하고 절제해 달라고 요청했다.

이어서 '감리교 교회 세습 중지 서명운동본부'가 발족되어, 서명운동과 세미나를 개최했다. 소수의 신학자들도 비판에 동참했다. 한국여성신학회는 '한국 교회 세습 이대로 좋은가?'라는 특집으로 학회지를 발간했으며,[5] 〈기독교사상〉 12월호에 김광식 연세대 교수가 '교회 세습에 관하여'라는 제목의 글을 발표하여 교회 세습을 강하게 비판했다.

하지만 이렇게 광림교회 세습 문제로 한국 교회가 극심한 갈등을 겪는 동안, 구로중앙교회(기감, 베다니교회)에서는 곽주환 목사가 아버지 곽전태 목사의 뒤를 이어 담임목사로 부임했고, 결국 광림교회도 2001년 3월 25일에 세습을 완료했다.

광림교회가 세습을 완료한 후, 사실상 10여 년 동안 세습반대운동은 긴 침묵에 들어갔다. 그러다가 김창인 목사 발언을 통해 새로운 국면을 맞이하게 된다.

2012년-현재

지난 10년과 달리, 2012년부터 진행된 세습은 교회 안팎에서 심각한 저항과 비난에 직면했다. 먼저, 2007년에 부당한 교회 세습으로 한국 사회에 큰 물의를 일으켰던 김창인 목사(충현교회 원로목사)가 갑자기 양심선언을 했다. 그는 2012년 6월 12일 열린 원로목회자 위로예배에서 성명서를 통해 "충현교회 제4대 목사를 세우는 과정에 관여하면서, 목회 경험이 없고 목사의 기본 자질이 돼있지 않은 아들 김성관 목사를 무리하게 지원해 위임목사로 세운 것은 내 일생 일대 최대의 실수였다"고 고백한 후, "그것이 하나님 앞에서 저의 크나큰 잘못이었음을 회개한다"고 밝혔다.

김 목사의 공개적 참회가 교계 및 일반 언론에 의해 대서특필되면서, 한국 교회의 세습 문제가 다시금 뜨거운 쟁점으로 떠올랐다. 한 달 후인 7월 19일에 한기총은 '후임 담임목사 청빙'에 관한 성명서를 발표하여, "최근 K모 원로목사가 아들 목사 문제로 한풀이 같은 발언을 하여 교계에 물의를 빚고 있으나, 이는 해당 교회와 아버지와 아들이 도덕적·윤리적으로 책임져야 할 일이며, 결코 한국 교회 전반에 관한 문제가 아니다" 라고 김 목사 참회의 의미를 폄하하고, "후임으로 세워질 분이 교회의 영적인 분위기와 조화롭게 맞고, 교회 후임 목회자가 적법한 절차에 의해 청빙되는 것은 가장 아름다운 모델이 될 것이며, 지극히 성경적이고 하나님께서 기뻐 받으실 영광된 징표인 것이다"라고 세습을 두둔했다.

이에 대해 기윤실은 2012년 7월 24일 "한기총의 세습 옹호 성명서에 대한 기윤실의 입장"이라는 성명서를 통해 한기총의 입장을 비판했다. 한기총도 7월 26일 "담임목사 청빙 관련 기윤실 입장 표명에 대한 한기총의 입장"이라는 제목의 반박 성명서를 발표하여, 기윤실의 비판에 반격을 가했다.

이런 상황에서, 그동안 교회 세습의 한 축을 담당해 왔던 기독교대한감리회에서 '세습금지법'을 제정하려는 움직임이 있었다. 이에 대해 '미래목회포럼'(대표 정성진 목사)이 2012년 8월 28일 "담임목사직 세습 금지 입법을 지지한다"는 제목의 논평을 발표하자, 2012년 9월 1일 감리교 세습의 핵심 인물인 김홍도 목사가 〈조선일보〉에 "시기가 왜 무서운 죄인가"라는 제목의 전면광고를 게재하여, "좌파들은 북한의 3대 세습은 한마디도 하지 않으면서 교회의 정당한 후임자는 세습이라 비난하는데, 그것은 잘못된 것이다"라고 세습의 정당성을 옹호하며 반대세력을 정죄했다.

9월 5일, 김동호 목사(높은뜻연합선교회 대표)가 자신의 페이스북에 김홍도 목사 광고 사건을 "영적 치매"라며 비판했고, 김홍도 목사가 김동호 목사를 명예훼손으로 고발했다. 이렇게 상황이 급물살을 타기 시작한 9월 25일, 정동감리교회에서 열린 감리교 입법의회에서 '세습금지법'이 통과되었다. 장정 제3편 조직과 행정법 제36조 '담임자의 파송을 정한 개정안'에 제2항 "부모가 담임자로 있는 교회에 그의 자녀 또는 자녀의 배우자는 연속해서 동일 교회의 담임자로 파송할 수 없다"는 것과 제3항 "부모가 장로로 있는 교회에 그의 자녀 또는 자녀의 배우자는 담임자로 파송할 수 없다"는 조항을 각각 신설한 것이다. 이 법안에 대해 교회와 사회 모두가 큰 관심을 보였고, 하나같이 한국 교회사의 기념비적 사건으로 치하했다.[6]

이에 자극 받아 예장통합 평양노회(2010. 10. 22-24)도 '교회 세습 방지 헌의안'을 총회에 제출하기로 결정했고, 11월 2일 '교회세습반대 운동연대'(공동대표 김동호, 백종국, 오세택)가 공식 출범했으며, 이 문제에 미온적 태도를 보였던 KNCC도 11월 20일 '세습 근절을 다짐하는 총회 선언문'을 채택했다. 침묵하던 학자들도 발언대에 나섰다. 기독교학술원(원장 김영한)의 제26회 월례기도회 및 발표회(2013. 1. 18)에서, '한국 교회 영성과 세습'이란 주제 하에 여러 논문들이 발표되었다. 발표자들은 교회세습, 특히 대형교회의 세습이 성경적·신학적·윤리적으로 용납될 수 없는 죄악이라며 한 목소리로 비판했다.[7]

2. 교회세습반대운동연대의 발자취

2012년

충현교회 김창인 원로목사가 6월 12일, 아들 김성광 목사에게 담임목사 자리를 물려준 '교회 세습'이 잘못이었다고 공개적으로 입장을 밝혔다. 이는 교회 세습에 대해 한국 교회와 사회에 경종을 울린 중요한 사건이다. 이런 상황에서, 한기총 사태로 연일 언론의 도마에 올랐던 길자연 목사(왕성교회)가 9월 27일에 아들 길요나 목사에게 교회를 물려줬다. 교회개혁실천연대는 "한국 교회를 부끄럽게 하는 범죄행위"라고 비판했고, 미래목회포럼도 세습 문제는 한국 교회가 겪고 있는 가장 심각한 문제라며, "세습을 시도하려는 어떤 행위도 반대한다"고 천명했다.

이처럼 교회 세습에 대한 비판적 여론이 고조되고, 여러 교회에서 세습을 시도하려 한다는 소문이 무성한 가운데, 기독교윤리실천운동, 교회개혁실천연대, 바른교회아카데미 등이 참여하여 2012년 11월 2일 '교회세습반대운동연대'(이하 세반연)를 출범시켰다. 명동 청어람에서 열린 기자회견에서 출범선언문을 통해 "부·명예·권력이 동반되는 담임목사직을 자녀나 자녀 배우자에게 세습하는 행위는 아무리 그럴듯한 명분으로 포장하더라도 안으로는 교회의 성경적 정체성을 파괴하고 밖으로는 교회의 선교적 사명을 방해하는 크나큰 사회적 일탈 행위"라고 교회 세습을 비판했다.

또한 향후 교회 세습에 대한 여론조사와 교회 세습 실태 조사·단행본 출간, 교회 세습 반대 서명 운동, 교회 정관 개정 운동, 세습방지법 입법 운동 등을 벌일 계획임을 밝혔다. 공동대표는 김동호 높은뜻연합선교회 목사, 백종국 경상대 정치외교학과 교수, 오세택 두레교회 목사가 맡았으며, 손봉호 고신대 석좌교수, 이형기 장신대 명예교수, 홍정길 남서울은혜교회 원로목사, 김북경 전 에스라성경대학원대학교 총장 등을 고문으로 위촉했다.

2013년

세반연은 좌담회, 포럼, 심포지엄 등을 통해 교회 세습에 대한 여론 형성과 학술적 진단을 시도했으며, 세습과 관련된 교회와

총회에서 직접 피켓 시위를 전개했고, 세습방지법 제정을 위한
입법활동, 기자회견, 성명서 발표 등의 활동도 줄기차게 전개했다.
먼저, 다양한 주제와 형식의 토론회를 마련했다.

1월 8일 '교회 세습 무엇이 문제인가'라는 주제로 대중 좌담회를
개최했다. 양희송 청어람 대표가 사회를 맡고, 나이영 CBS 부장,
양혁승 연세대 교수, 박득훈 새맘교회 목사가 패널로 참여했다.
특히, 나이영 부장은 "교회 담임목사직 세습은 개교회주의와 교회
사유화, 성직자 중심주의, 교회 성장 지상주의가 가져온 일그러진
현상일 뿐이다"라고 규정하며, "아버지 목사가 아들 목사에게
물려줘야 할 것은 교회 담임자라는 유형의 자리가 아니라
예수의 정신일 것이다. … 그렇지 않으면 교회는 탐욕과 이기심만
넘쳐나는 일종의 기업으로 전락하고 말 것이다"라고 경고했다.
양혁승 교수는 "교회 세습은 한 가지 요인이 아니라 아주
복합적이기 때문에 금방 해결책이 나오기 어려운 문제다. …
단기간에 해결하려 하면 되지 않을 것이다. 때로는 손봉호 교수가
자주 이야기하는 '비관적 선지자주의'의 마음이 우리에게 있어야
하지 않을까 생각한다"고 자신의 입장을 밝혔으며, 박득훈 목사는
"우리가 힘들더라도 같이 울고 희망을 이야기하면서 같이 가야
한다"며 이 운동의 당위성을 역설했다.

2월 4일 '교회 세습 여론 인식 연구 발표'라는 제목으로 포럼을 열었다. 이만식 장신대 사회복지학과 교수가 '교회 세습 여론 인식 조사 결과'를 발표했고, 조성돈 실천신대원 교수와 최현종 서울신학대학교 교수가 논찬을 했다. 이만식 교수는 152명의 목회자, 74명의 신학교수, 신학생 336명, 평신도와 일반인 1520명을 대상으로 세습에 대한 여론을 다각도로 조사·분석하여 결과를 발표했는데, 교회의 담임목사직 세습에 관해 목회 관련자 84.7%, 일반인 61.6%가 반대했고, 세습이 한국 교회와 한국 사회에 부정적인 영향을 미칠 것이라고 응답한 목회 관련자의 비율이 각각 89.0%와 88.1%인 반면, 일반인은 78.6%와 73.5%로 조사됐다.

논찬을 맡은 조성돈 교수는 교회 세습을 "자신의 욕심을 위해 주의 몸 된 교회를 깨는 범죄와 세습이 한국 교회와 사회에 큰 영향을 미치는 것에 눈 감는 죄"라고 지적하면서, "교회를 잘라서라도, 자신이 낳은 그 생명을 잃어서라도 교회를 자녀에게 주겠다는 마음이 무섭다"고 토로했다.

2월 19일 '교회 세습, 신학으로 조명하다'라는 주제로 학술심포지엄을 개최했다. 기독연구원 느헤미야의 김근주 교수가 사회를 맡았으며, 전성민 교수(웨스터민스터신학대학원대학교·구약학), 김판임 교수(세종대학교 교양학부·신약학), 배덕만 교수(복음신학대학원대학교·교회사), **현요한**

교수(장로회신학대학교·조직신학), 유경동 교수(감리교신학대학교·기독교윤리학), 박영신 명예교수(연세대학교 사회학과)가 각자의 전공 분야에서 한국 교회 세습을 신학적으로 분석·비판했다.

특히 전성민 교수는 "구약은 혈연에 의한 왕정 세습을 부정적으로 본다. 아무리 훌륭한 지도자였더라도 그 권력을 이어받은 자녀들은 악했으며, 바람직한 지도력 승계는 거의 혈연에 기초하지 않았다"고 주장했고, 김판임 교수는 "신약의 어느 한 구절도 세습을 정당화해 주지 않는다"고 단언했다. 배덕만 교수는 "한국 교회에서 40년간 이루어진 세습 사례를 볼 때, 세습은 수도권 현상이고, 보수주의자들이 주도했으며, 권세와 지위가 이것을 가능하게 했다"고 지적했고, 현요한 교수는 "교회 세습은 교회의 일치성, 거룩성, 보편성, 사도성을 훼손하며 하나님나라를 훼손·왜곡하는 행위"라고 규정했다. 유경동 교수는 "도덕적 정당성을 확보할 수 없고, 사회통합이라는 규범적 요청에 실패한 현상"으로 비판했으며, 박영신 교수는 한국 교회 세습의 사회·문화적 배경으로 전통적인 가족주의와 경제주의를 지적했다.

7월 30일 '교회세습방지법, 어떻게?'라는 제목의 포럼이 열렸다. 신동식 빛과소금교회 목사가 사회를, 조주희 성암교회 목사와 강문대 변호사(법률사무소 로그)가 각각 '세습방지법 제정의 의미와 과제: 평양노회 헌의를 중심으로'와 '법률적 측면에서 본

세습방지법: 세습을 둘러싼 법률적 쟁점들'이라는 제목의 발제를 맡았다.

조주희 목사는 "세습은 목회자들과 신학생들의 좌절감"이라고 지적하면서, "한국 교회는 '세습방지법'이라는 대승적 결단을 할 때가 왔다"고 강조했다. 강문대 변호사는 "교회 내에서 직접 세습을 인정하는 교회 헌법은 하나도 없"으나, 현재 "간접 세습을 막을 수 있는 장치가 미비하다"고 지적했다.

발제 후에는 교단별 간담회가 진행되었는데, 기장 군산노회, 예장(고신) 경기노회, 예장(통합) 평양노회, 예장(통합) 경남노회 등이 참여하여 열띤 토론을 벌였다. 기장 군산노회는 노회원의 만장일치로 합의가 되어 발의하고, '세습방지법 위원회'를 만들었다고 발의 경과를 설명했으며, 예장 고신 경기노회 오세택 목사는 고신 경기노회도 원로 몇 명이 반대하긴 했지만, 군산노회처럼 찬반토의 없이 95%의 찬성으로 발의하게 됐다고 전했다. 그 밖에도 법 제정과 함께 성도들을 중심으로 한 의식 개선을 위한 교육이 운동적 차원에서 함께 가야 한다는 의견과 세습 문제를 넘어 한국 교회에 목회자 청빙에 대한 구체적인 매뉴얼이 없는데, 이에 대한 대책 마련도 시급하다는 의견들이 있었다.

둘째, 회원들이 세습 현장에서 피켓 시위를 벌였다.

1월 20일 한기총 회장을 지낸 이용규 목사가 임시사무총회를 열고 아들 이호현 목사에게 담임목사직을 세습하려는 성남성결교회 앞에서 세습 철회를 촉구하는 피켓 시위를 벌였다. 세반연 회원 5명이 "세습은 하나님의 뜻이 아닙니다"라는 문구가 적힌 피켓을 들고, "교회 세습의 부당성과 한국 교회에 미치는 악영향"에 대한 내용의 전단을 교인들에게 전해주었다. 일부 장로들의 신고로 경찰이 현장에 출동하기도 했지만, 별다른 충돌은 없었다. 성남교회는 만장일치로 세습을 통과시켰다.

9월 9-11일 대한예수교장로회(통합) 제98회 정기 총회가 열린 서울 명일동 명성교회에서 세습방지법 입법을 촉구하고 명성교회의 세습을 막기 위해 피켓 시위를 벌였으며, 유인물을 배포하고, 부스에서 캠페인 활동을 전개했다. 명성교회 일부 교인들이 개회 전 교회 앞에서 피켓 시위를 하던 교회개혁실천연대(개혁연대) 등 교회세습반대운동연대(세반연) 참여 단체의 활동가들을 교회 뒤로 쫓아냈다. 9월 9일 저녁 6시경에는 명성교회 새 예배당 지하 1층에서 기독교윤리실천운동(기윤실)과 세반연, 개혁연대가 함께 사용하던 부스를 강제로 철거했다.
그뿐만 아니라 그들은 당시 사건 현장을 취재하던 기자의 취재를 방해하고 감금과 폭행도 마다하지 않았다. 기자가 활동가들과 교인들의 실랑이 현장을 촬영하자 교인 3명이 다가와 기자의 멱살을 잡고 폭언을 퍼부으며 위협을 가했다. 기자가 보도 명찰을 보여 주며 총회로부터 취재 허가를 받았다고 밝혔지만 이들은 아랑곳하지 않고, 기자를 근처 방청실로 끌고 가 나오지 못하도록 감금했다. 상황이 혼란한 틈을 타 기자가 방청실에서 나와 다시 사진 촬영을 시도하자, 신원을 밝히지 않은 한 교인이 사진을 찍지 말라며 폭행했다. 교인 4, 5명이 다시 기자에게 달려들어 취재를 방해했고, 방청실로 끌고 가 폭언을 하며 카메라를 탈취하려고 했다. 이 과정에서 교인들은 기자의 복부를 가격하고 얼굴을 쥐어뜯었으며, 카메라 목걸이로 목을 조르는 등 전치 2주의 상해를 입혔다. 이날 총회 현장을 기록한 사진 자료들이 담긴 카메라 메모리 카드도 빼앗겼다. 하지만 이에 대해 법적 조치나 보상이 전혀 이루어지지 않았다.

셋째, 교회 세습 실태를 조사하고, 세습방지법 제정을 위한 다양한 활동을 전개했다.

2월부터 세습방지법안 발의를 위한 협조 요청 공문을 예장통합(평양·서울·순천·경서·경남·강동 노회), 예장고신(경기·경인노회), 기장(군산노회), 예장합신(경기북노회)에 속한 총 10개 노회장과 서기에게 발송했으며, 교회세습방지법에 대한 각 교단의 입장 표명을 요청하는 공문을 6개 교단(예장통합, 예장합동, 예장합신, 예장고신, 기장, 기성)에 보냈다. 그중 3개

교단(기장, 예장고신, 예장통합)에서 긍정적 회신을 받았고, 3개 교단은
별다른 설명 없이 입장 표명을 거부했다.
9월 24일부터 27일까지, 세습방지법이 총회에 헌의된 예장고신과
기장을 대상으로, 법안 통과를 호소하는 캠페인을 전개했다.
동시에, 교회 세습 의혹을 받고 있는 23개 교회에 공문을 보내
사실 확인과 입장 표명을 요청했다. 이에 대해 3개 교회가
서면으로, 19개 교회가 전화로 응답했으며, 1개 교회의 세습이
확인되었다.

넷째, 기자회견과 성명서 발표가 계속되었다.

7월 3일 '교회 세습 제보 결과 발표 및 세습 시도 저지를 위한
기자회견'이 있었다. 문형채 바른교회아카데미 총무의 사회로
진행된 이날 행사에서, 김애희 교회개혁실천연대 사무국장이 세습
현황 조사 결과를 발표했다. 3월 12일부터 6월 28일까지 이메일
또는 전화 제보, 언론 보도 등을 통해 세습이 완료되었거나 진행
중인 것으로 의혹이 제기된 교회 세습 사례를 수집한 결과, 총
128건의 제보(중복 포함)를 접수했고, 이 중 62개 교회가 이미 세습을
완료했으며, 세습이 진행 중인 것으로 의혹이 제기된 교회가
22곳으로 나타났다.
교회 세습을 단행한 62개 교회를 교단별로 보면 기감 17곳,

예장합동 17곳, 예장통합 6곳, 예성 4곳, 기침 3곳, 예장합신 2곳, 기성 2곳, 기타 11곳으로, 교세가 상대적으로 큰 교단에서 세습이 많이 이뤄지는 것으로 드러났다. 규모별로는 교인 수 50~500명인 교회가 24곳, 500~1천 명인 교회가 13곳, 1천~5천 명인 교회가 19곳, 5천 명 이상인 교회가 6곳으로 나타났다. 지역별로는 서울 31곳, 경인지역 24곳, 기타 7곳으로, 유형별로는 담임목사 직계 세습이 56곳, 기타 지교회 세습이나 징검다리 세습 등이 6곳으로 나타났다.

이를 통해, 교회 세습이 특정 교단이나 교회 규모와 상관없이 한국 교회 전반으로 확산된 것으로 드러났으며, 특히 세습을 단행한 62개 교회 중 절반에 해당하는 28개 교회의 선임목사가 교단 총회장, 감리교 감독, 한기총 대표회장 출신인 것으로 밝혀져 충격을 주었다.

9월 13일 '예장 통합의 〈교회세습방지법〉 가결에 대한 교회세습반대운동연대의 입장 발표 기자회견'이 있었다. 교회세습반대운동연대 실행위원장 방인성 목사가 낭독한 성명서에서, 세반연은 "대한예수교장로회 통합 교단(이하 예장 통합)의 제98회 총회에서 교회세습방지법이 압도적 찬성으로 가결된 것을 크게 환영합니다"라고 입장을 밝힌 후, "예장통합은 교회세습방지법이 가결된 것에 만족하지 않고, 하나님

앞에 철저히 시행하도록 노력해야 합니다. 이미 지난해 교회세습방지법을 제정한 감리교단의 모 교회가 편법 세습을 시도해 논란이 됐던 것을 반면교사로 삼아야 할 것입니다"라고 촉구했다. 그뿐만 아니라, 이 결정의 긍정적 영향을 다음과 같이 기대했다.

> 9월 23일 이후에는 교회세습방지법을 헌의한 또 다른 교단인 예장고신과 기장에서 총회가 개최됩니다. 예장통합의 교회세습방지법 가결의 선한 영향력이 이 총회들에도 미쳐 개신교회에 세습 금지가 더욱 널리 확산되기를 기대합니다. 그뿐만 아니라, 세습 금지와 관련해 어떠한 공식적인 의사를 밝히지 않고 있는 한국 개신교의 최대 교단인 예장합동에도 세습 금지에 대한 전향적인 논의와 동참을 촉구하는 바입니다.

<u>10월 8일</u> '교단총회의 세습방지법 가결을 환영하며'라는 제목의 논평을 발표했다. 주요 교단들의 총회가 끝난 후, 총회에서 교회 세습 문제를 어떻게 처리했는지에 대해, 세반연의 입장에서 평가와 제언을 한 것이다. 이 논평에서 세반연은 기본적으로 이번 총회를 "무엇보다 개혁 의지가 돋보인 총회"였다고 평가하고, 특히 "장로교회의 주요 교단들(예장 합동·통합·고신, 기장)이 다룬 담임목사직 세습 방지 논의"를 특별히 중요하게 생각했다. 이어서 예장 합동이 "담임목사직 세습이 불가함을 원칙적으로

천명"하고, 예장 고신은 "1년간 연구 기간을 갖기로 결정"한 것은
"담임목사직 세습에 대한 입장 표명이 전무했던 이전의 태도와는
다른 진일보한 행보"라고 긍정적으로 평가하면서, 예장 합동과
고신이 "교회 세습 금지에 대한 교단 차원의 보다 강력한 구속
방안을 마련하는 것이 필요"하다고 제안했다.

한편, 이런 교단적 차원의 논의가 발전하는 가운데
"예장 대신, 예장 백석, 기침, 예수교 대한감리회, 예성, 기성,
기독교대한하나님의성회 등에서는 여전히 교회 세습 금지에
대한 교단적 논의가 이루어지지 않고 있다"면서, "잃어버린
교회의 공공성을 회복하고, 세상의 빛과 소금으로서 이 땅에
하나님나라와 의를 보다 잘 실천하기 위해 위 교단들도 교회
세습 금지에 대하여 더욱 전향적인 자세를 취해야 할 것"이라고
주문했다.

2014년

세반연은 한 해 동안 안내책자 발간·순회강연 및 성명서 발표
등을 통해 교회 세습을 저지하고 반대 여론을 확산시키기 위해
노력했는데, 특히 순회강연에 많은 힘을 쏟았다.

먼저 2월 11일, 세반연은 교회 세습의 부당성을 알리고 건강한
교회를 만들기 위해 소책자《교회 세습을 반대하는 그리스도인을
위한 안내서》를 발간했다.

세반연은 "평소 교회 세습에 의문을 가진 성도들이나 어려움을 호소하는 교회들의 문제 해결을 위한 좋은 안내서가 될 것"이라며, "이 책을 통해 모든 성도들과 교회들이 세습을 부끄러워하고, 건강한 청빙 문화를 통해 교회의 건강성 회복에 일조하기를 기대한다"고 밝혔다. 총 32쪽으로 된 이 책은 교회세습반대운동연대의 이름으로 '도서출판 뉴스앤조이'를 통해 출판되었다. 세습의 정의와 세습의 형태, 세습의 발생 이유와 부당성에 대한 근거 제시, 교회 세습 방지를 위한 제안과 세습방지법 등에 대한 내용 등이 담겨 있고, 누구나 쉽게 읽을 수 있도록 구성과 서술을 배려했다.

이 책은 "대형 교회의 욕망과 성도 수를 두고 벌이는 경쟁에서 살아남은 교회는 교회 분열이나 목사의 개인적 타락을 지나 교회 세습으로 이어진다"고 세습의 양상을 지적하면서, "교회의 부패에 맞서 건강한 교회로 바로 세우는 일은 그리스도인의 의무"라며 교회의 각성과 실천을 요청했다.

이 책은 전국 기독교서점들을 통해 판매되었을 뿐 아니라, 전국 교회의 노회들과 주요 임원들, 제보하신 분들 그리고 개별적으로 요청하신 분들에게 전달되었다. 책을 읽은 분들로부터, 미처 알지 못했던 한국 교회의 세습 현황에 대해 구체적인 정보를 얻게 되어 많은 도움이 되었다는 반응들이 많았으며, 세습에 대한 추가 제보들도 이어졌다.

둘째, 세반연은 그동안 서울·경인 지역에 한정된 교회 세습 반대운동을 전국적으로 확산시기 위해 2014년 한 해 동안 지방순회강연을 계획했다.

4월 8일 세반연과 여수 기윤실 공동 주최로, 여수 은현교회에서 첫 지방강연회가 개최되었다. 그동안 '교회 세습 반대' 자체에 두었던 운동의 역점을 '한국 교회 세대교체'로 더 확장하기 위해, 지역순회강연 주제로 "한국 교회 세대교체, 위기가 아닌 기회로!"를 채택했다. 이날 주제 강연은 교회세습반대운동연대 공동대표인 김동호 목사가 맡았으며, 방인성 함께여는교회 목사, 최규식 은현교회 목사, 정기철 여수성광교회 목사가 패널로 참여했다. 이날 주제 강연을 맡은 김동호 목사는 교회 세습이 교회의 주인을 하나님이 아니라 인간이 되게 하는 일이라고 규정하고, 교회 세습은 한국 교회가 따먹지 말아야 할 금단의 열매라고 반복해서 지적했다. 이에 더하여 교회 세습 반대운동이 '교회 세습 반대'에만 그칠 것이 아니라 한국 교회의 세대교체를 어렵게 만드는 원로 제도를 폐지하는 데까지 나아가야 할 것이라고 제안했다. 패널로 참석한 정기철 여수성광교회 목사는 "교회 세습 반대는 한국판 종교개혁"이라고 정의했고, 청중석에 앉아 있던 은현교회의 한 장로는 은현교회가 속한 교단법상 15년 장로로 시무하면 원로장로라는 칭호를 얻게 되는데, 그 칭호를 포기하겠다고 선언했다.

4월 29일 세습 반대 부산강연이 세반연, 바른교회아카데미,
부산교회개혁연대 공동 주최로 부산중앙교회에서 열렸다. 주제
강연을 맡은 정주채 목사는 교회 세습의 일차적 원인이 "세속적인
욕심"이며, 그것은 주되심에 대한 충성과 신앙이 약해진 결과로,
주로 대형교회에서 발생한다고 지적했다. 따라서 세습 방지를
위해선 교회의 대형화를 지양해야 하고, 이를 위해 교회 분립과
제자 양육에 힘쓸 것을 주문했다.
이어진 토론 시간에는 사회를 맡은 방인성 목사 외에 안현식
부산개혁연대 대표, 가정호 부산 기윤실 사무총장, 정주채
목사, 최현범 부산중앙교회 목사가 패널로 참여했다. 정주채
목사는 향상교회 리더쉽 교체 과정을 소개했는데, 후임 목사
후보에 부목사들도 포함되도록 요청하여, 6인의 후보 중 3인의
부목사들이 포함되었고, 그 부목사들 중 한 명이 새 담임목사로
선임되었다고 한다.
한편, 최현범 목사는 바람직한 목회 이양을 통한 다음 세대의
건강한 발전을 위해서는 무엇보다 원로 제도를 폐지해야 한다고
강하게 주장했다. 원로목사들이 은퇴 후에도 교회에 출석하며
교회에 지속적으로 영향력을 행사하여, 후임 목회자와 교회에
재정적·목회적인 면에서 부담이 되는 경우가 적지 않다. 특히

원로목사의 아들이 목사인 경우, 세습에 대한 압력도 자연스럽게 커질 수밖에 없다. 그럼에도 원로목사의 업적과 기존 교인들과의 인간관계, 그리고 교회의 통념과 관행 때문에 원로목사제를 폐지하는 것이 현실적으로는 쉽지 않다.

5월 22일 세반연과 성서대전의 공동주최로 대전영광교회에서 '한국 교회 세대교체, 위기가 아닌 기회로'라는 주제로 손봉호 서울대 명예교수의 강연과 좌담회가 열렸다. 손봉호 교수는 주제 강연에서 "우리나라 기독교 주요 교단이 교회 세습 반대를 선언했으나 잘 지켜지지 않고, 대형교회에서 시작해 중소교회까지 교회 세습이 번지고 있는 것이 문제"라며, "노력 없이 기득권을 가지려는 것, 이를 위해 하나님과 성도를 명분으로 내세우는 것은 비겁하고 불공정한 행위인데 하물며 교회와 목사가 이를 자행해서야 되겠는가?"라고 비판했다. 이어서, 교회 세습이라는 말에는 '교회 사유화'라는 뜻이 담겨 있으며, 교회는 하나님의 것이지 결코 개인의 것이 되어선 안 된다고 역설했다.
주제 강연 후 방인성 목사의 사회로 진행된 좌담회에는 손봉호 교수, 조성배 반석중앙침례교회 목사, 전남식 꿈이있는교회 목사가 패널로 참여했다. 조성배 목사는 목회자를 우상화하거나 목회자의 잘못을 지적하지 않는 성도들의 태도를 문제로 지적하며 성도와 목회자 간의 소통의 중요성을 강조했고, 전남식 목사는 "담임목사

1인 중심의 제왕적 권한이 한국 교회의 방향성을 잃게 한다"
고 지적하며, "성도나 목회자 모두 바른 신앙의 본질을 유지하는
가운데 서로를 위한 견제도 중요하다"고 강조했다.

7월 15일 세반연은 부천평안교회, 예인교회와 함께
부천평안교회에서 순회강연회를 열었다. 세반연 공동대표이자
두레교회 담임목사인 오세택 목사가 주제강연을 맡았고, 방인성
목사, 원영대 부천평안교회 목사, 정성규 예인교회 목사, 최우돈
장로(건강한작은교회연합)가 패널로 참여하여 좌담회를 이어갔다.
이날 "교회 세습의 서사"를 주제로 강연한 오세택 목사는 한국
교회 세습의 서사는 '성공신학'의 논리를 내세우며 복음의
본질을 왜곡한 것에서 출발한다고 진단했다. 목회 세습을 위해
담임목사의 권한 강화와 우상화가 필요하고, 이런 목적을 위해
대중의 입맛에 맞는 타협된 복음을 전할 수밖에 없기 때문에
복음의 영적 왜곡이 발생한다는 것이다. 그 결과, 정의의 실종,
목회자의 부패와 교세의 하락, 교회 공신력의 상실 같은 폐단이
생기므로, 이런 폐단의 극복을 위해선 성공이 아니라 자기를
부인하는 '십자가의 도'가 회복되어야 한다고 제안했다.
강연 후 2부 토론 시간에 원영대 목사는 소형 교회 목회자들이
오히려 교회 세습에 찬성하고 있다면서, 교회 세습은 용납할 수
없을 뿐 아니라 전략적이고 구체적인 접근이 필요하다고 주장했다.

정성규 목사는 소형 교회의 세습을 미화하면 대형 교회의 세습도 정당화할 수 있다고 지적하면서, 목회를 하고 싶어도 사역지가 없어 목회할 수 없는 이들이 많다며, 규모와 상관없이 교회 세습은 부도덕하고 불공정한 행위라고 지적했다.

11월 4일 대구평강교회에서 강경민 일산은혜교회 목사를 주 강사로 대구 지역 세미나를 열었다. 이어진 좌담회에 이승현 대구평강교회 담임목사, 박윤배 경북대 교수(대구 기윤실 대표), 방인성 목사(실행위원장)가 패널로 참여했다. 강경민 목사는 "교회 세습이 한국 교회에 미치는 악영향에 대한 소고"라는 제목의 강연을 통해 "세습은 후계자를 길러내는 데 실패했다는 점에서 제자양육이라는 그리스도인의 1차적인 사명을 직무유기하는 꼴"이며, "교회의 공공성을 회복시킬 수 없을 정도로 현저하게 약화시키기 때문에 세상을 섬기는 사회선교에도 악영향을 미친다"라고 강조했다.
토론 시간에는 대구가 보수성이 강하고 좀처럼 변화하지 않는 지역이며, 개척교회로 급성장할 수 있는 환경이 아니기 때문에, 세습의 위험성은 다른 지역에 비해 낮다는 공감대가 형성되었다. 한편, 박윤배 교수는 미국 교회(PCUSA)에서 청빙위원회 활동 당시 임시당회장 설교 및 소모임, 성경공부 주제에 이르기까지 교인들의 활동이 전부 담임목사 교체에 초점을 맞추어 진행된 것에 대한 경험을 나누기도 했다.

셋째. 교회 세습 저지를 위한 성명서를 여러 차례 발표했다.

3월 10일 세반연은 공동대표 김동호·백종국·오세택의 이름으로
"명성교회의 변칙 세습을 우려한다!"라는 제목의 성명서를
발표했다. 명성교회가 하남 지역에 분립 개척한 새노래명성교회의
담임목사로 명성교회 김삼환 담임목사의 아들 김하나 목사가
내정되고, 3월 8일 2500여 명이 모인 가운데 창립 예배를 드렸다.
유·무형의 특권이 혈연적으로 계승되는 것을 교회 세습으로
이해할 때, 새노래명성교회 창립도 명백한 변칙 세습이라고
규정하면서, 세반연은 "부모가 초대형 교회 담임자라는
사실만으로 이 같은 특혜를 누리게 된다면 그러한 여건을 갖지
못한 수많은 목회자는 박탈감을 느낄 수밖에 없다"고 그 폐해를
지적했다.
동시에 "이는 세습 방지법 제정을 통해, 한국 교회에 대한
신뢰 회복을 위한 그간의 자정(自淨) 노력을 훼손하는 행위"라고
비판하고, 한국 교회의 공신력 회복과 사명의 충실한 감당을 위해
다음과 같이 촉구했다.

1. 명성교회 당회와 김삼환 담임목사는 김하나 목사가 새노래명성교회
   담임목사로 내정되기까지의 공식적인 논의 절차와 지원 내용을 투명하게 밝혀
   주기를 바란다.

2. 김하나 목사를 명성교회 담임목사로 복귀시키는 등의 편법 세습을 하지 않겠다는 의지를 공식적으로 천명해 주기 바란다.

3. 예장통합 교단은 유사한 편법 세습 시도가 재발하지 않도록, 제도를 정비하여 그 같은 행위에 대해 엄중히 대처해 주기를 바란다.

하지만, 이에 대한 명성교회 측의 공식적인 답변은 전혀 없었다.

9월 17일 22일부터 시작되는 각 교단의 총회를 앞두고 세반연은 "변칙 세습을 포함한 포괄적인 세습 금지 방침 마련을 촉구한다"라는 제목의 성명서를 발표했다. 세반연은 "각 교단의 총회를 앞두고, 아직 세습 방지를 결의하지 않은 교단은 세습 방지를 위한 전향적인 결의를 도출해 내고, 이미 세습 금지를 결의한 교단 역시 보다 구체적으로 관련 규정 등을 정비하여, 소속 교회들에 확실한 실천 지침을 마련해 줄 것을 호소한다. 그간의 교단이 보여 주신 노력들이 선언적인 구호에 그치지 않도록, 명실상부한 '성총회(聖總會)'가 되기를 기대하는 바이다"라고 강조했다.
이어서, 임마누엘교회의 징검다리 형태의 세습과 명성교회의 지교회 형태의 세습 등을 언급하면서, "막강한 부와 인적 자원을 소유한 초대형 교회의 지교회 개척에 의한 변칙 세습이든 중소형 교회들의 교차 세습이든 이미 다양한 종류의 변칙 세습이 시도되고 있는 상황에서 세반연은 직계 세습보다 교묘한 변칙 세습이 한국 교회를 더 나락으로 빠지게 하는 것을 좌시하지 않을 것이다"라고 경고했다.

끝으로, "한국 교회가 한국 사회로부터 공신력을 회복하고, 하나님나라의 실현을 위한 도구로서의 사명을 충실히 감당하기 위해, 이번 총회에서 직계 세습뿐만 아니라 변칙 세습까지 포함한 포괄적인 세습방지법이 제정되기를 소망하고 촉구하는 바이다" 라며 성명서를 마무리했다.

2015년

세반연의 활동을 마무리하는 해에, 세반연은 더욱 교묘하게 진화하는 변칙 세습의 문제를 본격적으로 다루면서, 교회 세습의 새로운 현상과 그에 대한 대책을 심층적으로 다루었다.

5월 26일 한국기독교사회문제연구원 이제홀에서 '세습방지법의 그늘, 편법의 현주소를 규명한다'라는 주제로 '2015 변칙세습포럼' 을 열었다. 조제호 기윤실 사무처장이 사회를 맡았고, 김동춘 국제신학대학원대학교 교수, 황광민 석교감리교회 목사, 고재길 장로회신학대학교 교수가 발제했다.

이날 발표된 현황 조사를 통해, 세습방지법이 통과된 후 다양한 변칙 세습이 등장함으로써 세습 자체에는 별다른 영향을 미치지 못한 것으로 나타났다. 2013년 6월 29일부터 지난 1월 19일까지 각종 세습 사례를 제보 받아 확인한 결과, 총 122개 교회가 세습을 완료했는데, 이 중 85개 교회가 담임목사직을 아들에게 직접 물려주는 '직계 세습'을, 37개 교회가 소속 교단의 법망을 피하는 '변칙 세습'을 완료했다. 변칙 세습은 세습방지법이 통과된 기감과 예장통합에서 두드러지게 나타났고, 변칙 세습 방법도 지교회 세습, 징검다리 세습, 다자간 세습, 복합 M&A 세습(아들이 담임하고 있는 교회와 아버지의 교회를 통합하는 방식), 교차 세습, 동서간 세습 등으로 복잡하고 교묘하게 진화한 것으로 밝혀졌다.

이날, '변칙 세습 무엇이 문제인가?'라는 주제로 발제한 김동춘 교수는 "한국 교회가 변칙 세습의 욕망을 끊어내려면, 교회 사유화를 향한 퇴락한 사고에서 교회에 대한 공교회적 존중과 의식으로 전환하고, 더 치밀한 제도적·법적 규제 제정 및 시행이 있어야 한다"고 제안했다. 황광민 목사도 "목회세습방지법 제정 당시만 해도 장정개정위원들은 변칙 세습을 생각하지도 못했다"며, "변칙 세습을 거부할 수 있도록 힘을 실어주기 위해서라도 법적인 제재 수단이 필요하다"고 강조했다.

한편, 고재길 교수는 "부정을 덮어줄 수 있을 만큼 믿을 수 있는 것은 가족뿐이라는 사고가 팽배해 있어, 세습 문제가 가족주의 및 부정부패 문제와 연관되어 있다"고 밝히고, "목회자가 자신의 사적인 이익을 위해 살 것이 아니라 교회와 목회의 회복이 한국 교회의 최종 관심사가 되어야 한다"고 역설했다.

이날 행사를 다룬 〈경향신문〉도 사설을 통해, "더 늦기 전에 반기독교적인 관행과 폐습의 상징인 교회 세습의 뿌리를 반드시 도려내야 한다고 본다. 그러기 위해서는 우선 기존의 교회세습방지법을 강화하여 엄격한 제재를 가해야 한다. 또한 세반연 등 교회 세습 반대 운동단체들이 교회를 개인의 소유로 생각하는 목회자들을 더욱 강하게 압박해야 할 것이다. 기독교 정신과 사회 통념에 반하는 교회 세습이 사라져야 한국 교회가 교회답게 바로 설 수 있다"라며, 같은 의견을 피력했다.[8]

제3장
저항의
근거

1. 신학적 근거

(1) 기독론의 부정

담임목사직의 세습은 신학적으로 기독교의 근간인 기독론을
부정하고 훼손하는 참담한 행위다. 기독교는 근본적으로 예수
그리스도를 만유의 주요, 교회의 머리라고 고백한다. 동시에,
목사는 주님의 양들을 돌보는 목동이요 청지기다. 그것이 목사의
문자적·신학적 의미다.

그런데 담임목사직을 세습하려는 목회자와 그에 동조하는

사람들은 마치 그 교회의 탄생과 성장이 그 목회자의 개인적
역량과 수고에 의해 이루어진 것으로 치부하고 그의 개인적
공로를 절대화하여, 교회를 그의 개인 재산으로 인정하는 모습을
보인다. 그 결과, 예수 그리스도 대신 담임목사가 교회의 머리가
되고, 주님의 교회가 담임목사 개인의 재산으로 둔갑한다. 따라서
담임목사가 교회의 머리로 행사하고, 교회를 개인의 재산으로
간주하는 것은 예수 그리스도의 지위와 권한을 찬탈하는
극단적인 신성모독이다.

(2) 공교회성 부정

교회 세습은 예수 그리스도를 중심으로 형성된 언약공동체로서의
교회 정체성을 위협한다. 교회는 나사렛 예수를 그리스도로
고백하는 성도들, 그런 믿음과 고백을 가능하게 하며 공동체를
형성하시는 성령의 역사, 하나님나라 확장을 위한 성도들의 복음
증거와 사랑의 섬김으로 구성된다. 즉, 교회는 한 개인의 영웅적
활동에 의해 형성되지 않으며, 세속적 가치관이나 삶의 방식으로
운영되지도 않는다.
그러므로 교회는 성도들이 성령과 성경의 인도를 받아 이 땅에서
하나님의 뜻을 실천하는 성도들의 거룩한 공동체다. 따라서
교회공동체가 성경적 가치와 성령의 능력을 따라 운영될 때,
세상공동체와 구별된 대안공동체로서 하나님나라를 드러낼 수

있다. 하지만 교회에서 벌어지는 목회 세습은 세상공동체와의
본질적 차이를 없애버림으로써, 공교회로서 교회의 정체성을
부정한다.

(3) 교회의 선교적 사명을 방해함

목회 세습, 특히 초대형교회의 목회 세습은 1차적으로 해당 목회자
가족의 사적 이익으로 귀결되는 반면, 그에 따른 비용은 한국
교회 전체와 목회자사회 전체가 부담해야 한다. 비슷한 맥락의
이유에서, 북한의 3부자 세습이나 재벌의 부당한 경영권 세습이
한국 사회에서 혹독한 비난을 받고 있다.

그런 상황에서 한국 교회들, 특히 널리 알려진 초대형교회들에서
부당한 방법으로 세습을 감행하는 것은 사회의 조롱거리가 될
수밖에 없다. 설문 조사에서 기독교인들에 비해 비기독교인들이
교회 세습에 상대적으로 관심이 적은 것으로 나타났지만, 이는
세습이 일차적으로 교회 문제이기 때문에 당연한 현상이다.
그렇다고 비기독교인들이 이 문제에 완전히 무관심하거나 무지한
것은 아니며, 이 문제에 도덕적 판단이 결여된 것도 아니다. 따라서
일부 교회의 세습에서 보이는 몰지각한 행동이 우리 사회에
반기독교 정서를 확산시키고 교회에 대한 부정적 인식을 강화하는
것은 자명하다. 결국 교회 세습은 한국 사회 안에서 교회의 선한
영향력을 약화시키고, 하나님나라의 확장을 가로막는 악행을

저지를 뿐이다. 교회 세습은 교회의 선교적 사명에 치명적 독이 된다.

2. 목회적 근거

(1) 공정한 경쟁의 배제

은퇴하는 목사가 자신의 후임자로 아들을 지명할 경우, 그의 아들이 아닌 다른 사람들은 원천적으로 후보군에서 배제된다. 비록 그들 중에 누군가가 뛰어난 능력과 자질을 갖추었다 해도, 특히 그 교회의 필요에 가장 적합한 목회자가 될 수 있는 가능성이 있어도, 이런 식의 세습이 강행되는 구조 속에서는, 그들이 후보가 될 수 있는 가능성 자체가 원천적으로 봉쇄되는 것이다. 이것은 공정한 경쟁을 방해하는 행태다.

세습을 강행하는 측에서, 자신들은 교회의 법과 절차를 엄격히 준수했고, 아들 후보자가 충분한 자격을 갖추었으며, 성도들도 좋아한다고 주장하지만, 다른 후보자들에게 동등한 기회를 제공하지 않고 아들에게 특혜를 베푸는 것은 이 시대의 흐름에 역행하는 전근대적 관행일 뿐이다.

(2) 목회자사회의 활력 저하

목회 세습은 목회 세계의 계층화 및 계층 간 이동성의 약화를 초래하고, 역량 있는 예비목회자들의 유입을 방해함으로써, 목회자사회의 활력을 크게 떨어뜨리는 결과를 가져온다. 아무리 훌륭한 자질을 갖추었고 아무리 열심히 목회해도 공정한 기회가 주어지지 않는다면, 동시에 자격이나 성실이란 측면에서 자신과 비교할 수 없는 사람이 담임목사의 자식이라는 이유만으로 어려움 없이 담임목사직을 세습하게 된다면, 젊고 유능한 목회자들이 교회와 목회에 대해 긍정적 시각을 갖기 어렵다. 그것은 목회자 자신에게 깊은 좌절과 상처가 될 뿐 아니라, 그들이 목회하는 성도들에게도 부정적 영향을 끼치게 된다. 악순환의 연속이다.

(3) 비민주적 의사결정구조

담임목사 청빙은 교회에서 가장 중요한 결정사항 중 하나다. 교회의 장래에 큰 영향을 끼치기 때문이다. 따라서 이렇게 중요한 문제를 결정하는 과정은 반드시 정당하고 적법한 절차를 거쳐야 한다. 목사청빙위원회가 구성되고, 가능한 후보를 복수로 추천하여 교인들에게 알리며, 후보에 관해 소상하게 알 수 있는 기회가 주어져야 한다. 후임 목사가 될 사람의 설교와 강의를 들어 보고, 교제해 보고, 가능하다면 그의 성격과 삶의 방식을 어느 정도라도 알 수 있는 기회가 교인들에게 주어져야 한다. 그리고 교인들의

의견이 어느 정도 모아지면 장로교 제도에 따라 공동의회를
거치거나, 감리교의 경우, 감리교 제도에 따라 구역인사위원회를
거치는 것이 바람직하다.

하지만 현재 자행되는 목회 세습은 개교회의 의사결정 과정을
왜곡시키고, 견제와 균형의 장치를 무력화시키는 고질적인
악영향을 끼친다. 세습을 자행하는 이들이 형식적 요건을 갖추기
위해 당회나 공동의회의 의사결정 과정에 권위주의적으로
영향력을 행사하는 것이나, 교계 언론들이 일제히 침묵하는 행위
혹은 더 나아가 반대 여론을 맹렬히 비난하거나, 세습을 공공연히
합리화하고 정당화하는 궤변을 내어놓는 등의 행위는 제도와
구조에 대한 불신과 무력감을 조장함으로써 장기적으로 개신교를
타락시키는 핵심적 요인이 된다.

3. 법적 근거

(1) '직접 세습'의 금지

일반 법률상, 혈연관계에 대해 인정되는 것은 '재산'에 대한 '상속'
뿐이다. 즉, 피상속인이 '사망'했을 때, 상속인에게 '재산'상의
권리와 의무가 이전되는 제도만 인정되는 것이다. 하지만 그런
경우에도, 상당한 정도의 상속세를 부담케 하여 부의 대물림으로

인한 차별을 금지·방지하고 있다. 반면, 일반 법률상, 혈연관계와
관련한 '지위'의 '승계'는 인정되지 않는다. 우리 헌법에는 '사회적
특수계급의 제도'의 인정과 창설을 금지하는 규정이 마련되어
있는데,⁹ 지위 승계의 인정은 사회적 특수계급 제도의 인정과
창설로 연결될 수 있으므로, 그러한 행위는 헌법으로 금지된다고
할 수 있다.

한편, 우리 헌법에는 친족의 행위로 인한 불이익한 처우를
금지하는 규정도 마련되어 있는데, 그 규정의 취지를 확장하면
친족의 행위로 인해 이익을 얻는 것도 금지한다고 할 수 있다.
이처럼 일반 법률상 '직접 세습'은 명시적으로 금지되고 있고,
근대화를 거친 나라들 중 '직접 세습'을 옹호하는 입장은 찾아보기
힘들다.

(2) '간접 세습'에 대한 규율

일반 법률상 '간접 세습'을 규율하는 규정은 없다. 즉, 지위를
승계함에 별도의 절차를 거친 이상 그 이면에 혈연관계가 주된
고려 요소로 작용했다 하더라도 그 결과의 효력을 부정하는
규정은 없다. 따라서 단체 대표자의 지위 승계에 '혈연적 요소'를
어떻게 차단할 것인지와 만약 '혈연적 요소'가 고려됐을 경우 그
결과의 효력을 인정할지 여부는 단체가 스스로 결정할 문제다.

제4장
저항의
성과

1. 세습방지법

(1) 기독교대한감리회

2012년 9월 25일, 서울 중구 정동제일감리교회에서 임시
입법의회를 열고 '교리와 장정' 개정안을 논의한 후 세습방지법을
통과시켰다. '부모가 담임자로 있는 교회에 그의 자녀 또는 자녀의
배우자는 연속해서 동일 교회의 담임자로 파송할 수 없다',
'부모가 장로로 있는 교회에 그의 자녀 또는 자녀의 배우자는
담임자로 파송할 수 없다'는 내용이 포함된 것이다.

투표 전, 입법의회 회원들 사이에 격론이 있었다. 박종인 회원은 "아버지나 장인이 목사라고 해서 목회하는 데 제약이 생긴다면 역차별이다. 헌법이 보장하는 평등에 위배된다"고 세습방지법 제정에 반대한 반면, 황대성 회원은 "세습 방지는 시대적 요청이다. 이미 세습할 만한 교회는 다 했고, 지금 법을 만드는 것도 늦었다고 생각한다. 여기서조차 통과되지 않는다면 교회로서 의미를 상실하는 것이다"라며 법안을 지지했다. 무기명 투표로 진행된 결과, 390명 중 찬성 245명, 반대 138명으로 국내 최초로 세습방지법이 통과되었다.

일반 언론에서도 많은 관심을 보였다. 세습방지법이 통과되는 현장에 많은 취재진들이 몰렸으며, 법안이 통과되자 〈조선일보〉· 〈중앙일보〉·〈경향신문〉 등 일간지와 SBS·KBS 등 방송사들이 경쟁적으로 대서특필했다. 일간지 사설들은 하나같이 세습방지법을 지지하며, 그 의미를 높이 평가했다.

(2) 대한예수교장로회(통합)

제98회 총회 셋째 날인 2013년 9월 11일, 세습방지법이 통과되었다. 기독교대한감리회가 최초로 세습방지법을 제정한 후, 예장통합 65개 노회 중 9개 노회가 세습 방지를 위한 헌의안을 총회에 상정했다. 세습을 법으로 막아선 안 된다는 논리가 초반에 강했다. "목사 청빙은 개교회의 당회와 제직회가 결정할 문제",

"목사 아들이 자유롭게 지원할 권리를 보호하자", "지난해에 헌법을 개정했으니 당장 법을 개정할 수 없다"는 주장들이 제기되었다. 하지만 재석 인원 1033명 중 870명이 세습방지법 제정에 찬성했고 82명이 반대했다. 후속 조치를 두고도 1년 연구하자는 의견이 나왔으나, 제98회 총회부터 바로 시행하자는 의견이 우세했다.

다음 해에 열린 제99회 총회에선 교회에서, 교회 대물림 금지 대상 범위를 '해당 교회에서 사임(사직) 또는 은퇴하는 위임(담임) 목사의 배우자 및 직계비속과 그 직계비속의 배우자'와 '해당 교회 시무장로의 배우자 및 직계비속과 그 직계비속의 배우자'로 규정했다. 또한 헌법개정위원회는 변칙 세습을 방지하기 위해 '해당 교회에서 이전에 사임(사직) 또는 은퇴한 위임(담임)목사 및 장로에게 (교회 대물림 금지를) 동일하게 적용한다'는 조항(3호)도 만들었지만, 총대들의 반대로 삭제되었다. 그 결과, 세습금지법의 실효성이 약화되고 말았다.

⑶ 한국기독교장로회

2013년 9월 27일, 개신교단 가운데 세 번째로 교회세습방지법을 제정했다. 기장총회는 '부모가 시무목사나 장로로 있는 교회에 그의 자녀나 자녀의 배우자를 연속해서 동일 교회의 시무목사로 청빙할 수 없다'는 내용을 교단헌법에 포함시켰다. 특히 이 법은 그 범위를 담임목사직을 포함한 시무목사로 확대함으로써, 다른 교단에 비해 더욱 엄격하게 교회 내 지도력의 대물림을 차단했다.

(4) 대한예수교장로회(고신)

2014년 9월에 열린 제63차 총회에서 목회자 세습금지법 제정안을 다루면서, 해당 안을 1년 유보하고, 고려신학대학원교수회(교수회)에 신학적 검토를 의뢰했다. 그 결과, 교수회는 "담임 목사직의 자녀 승계가 가져올 수 있는 성경적이고 신학적인 면에서의 부정적 측면과 교회와 사회에서의 부정적 영향을 고려해, 개교회와 목회자들에게 이에 대한 경각심을 고취시킬 필요가 있다"고 보고했다.

이에 대해 오세택 두레교회 목사는 담임목사직의 자녀 승계는 성경에 위배되므로, 총회가 세습이 불가하다는 결정을 내려야 한다고 건의했다. 하지만 대다수 총대는 다른 입장을 보였다. 목회자 청빙은 당회의 권한이기 때문에, 총회가 왈가왈부하며 간섭할 수 없다는 것이다. 결국 총회는 교수회의 의견을 받아들이는 대신, 세습의 부정적 측면을 고려해서 개교회와 목회자에게 경각심을 고취시키기로 했다.

(5) 대한예수교장로회(합동)

제98회 총회 마지막 날인 2013년 9월 27일, 담임목사 세습 관련

헌의를 논하면서 "세습은 불가하다"는 결론을 내렸다. 정치부 보고가 급하게 이뤄지긴 했지만, 총대들의 의지는 명확했다. 세습 금지에 이의를 제기하는 총대는 없었지만, 법 제정이나 구체적인 연구에 대한 논의는 이뤄지지 않았다. 다음 해에 열린 제99회 총회는 "세습 용어 사용을 금지하고 헌법대로 한다"고 결정했다. 그러나 예장합동 헌법에는 당회장직 세습을 금지하는 규정이 없다. 국내에서 가장 큰 교단이자 다수의 유력한 교회들이 이미 세습을 완료했고, 세습이 예상되는 교회들도 많기 때문에, 세습을 적극적으로 방지하려는 노력이 결코 쉽지 않을 것이다.

2. 세습 저지 사례

(1) 원로목사 스스로 세습을 거부한 사례

충남 홍성성결교회 송헌빈 목사는 1957년 홍성교회에 청빙을 받아 시무했고 1989년에 68세로 은퇴했다. 그가 부임했을 때 홍성교회는 남 집사 3명, 여 집사 6명 그리고 다수의 학생들이 있었는데, 그의 헌신적 목회로 장년 출석 성도 700명의 교회로 성장했다. 그 후 교회를 두 번 증축했고, 교육관과 주택도 건축했다. 그에게는 4남 2녀의 자녀들이 있었는데, 아들 네 명이 모두 목사가 되었다. 교인들도 그들 가운데 한 명을 청빙하고 싶어

했지만, 송 목사 자신이 이런 제안을 단호히 거부했다. 그 전통은
후임자에게도 이어져, 송 목사의 뒤를 이은 유기성 목사도 아들이
목사였지만 그를 후계자로 세우지 않았다. 특히 송 목사는 은퇴
후 교회에서 제공한 사택을 교회 부흥과 발전을 위해 헌물로
전달했고, 소천하기 1년 전인 2011년, '하나님의 부르심을 준비해야
한다'며 아들의 집으로 들어가면서 사택을 교회에 헌납했다.
부산 수영로교회 정필도 목사는 1975년 부산 수영로 로터리에
개척 후 35년 만에 출석 성도 3만 명의 대형교회로 성장시키고
2011년에 은퇴했다. 그는 "주께서 성도들을 모아 주셔서
대형교회가 됐는데 후임자도 주님이 결정하세요"라며 후임자
선정을 위한 모든 과정을 주님께 맡겼다. 다만, '수영로교회 출신
목회자 중 성공적 목회로 검증된 사람, 신학적으로 부족하지
않은 사람, 부부관계와 자녀교육 등 가정이 모범적인 목회자,
장로·청빙위원·부교역자 투표에서 가장 많은 표를 얻은 사람'
이라는 기준을 세웠다. 그 결과, 수영로교회 출신으로 호주에서
유학하면서 시드니새순장로교회를 개척하여 성도 3천여 명의
대형교회로 성장시킨 이규현 목사가 후임으로 결정되었다. 정필도
목사의 아들은 물론 사위까지 목사지만, 정 목사는 그들에게
담임목사직을 물려주지 않았다.

(2) 교인들이 세습을 막아낸 사례

경기도 성남의 한 장로교회(통합)는 1천여 명의 교인이 평화롭게
신앙생활을 하던 곳이었는데, 2013년 5월에 담임목사가
목사안수를 받은 지 일주일밖에 안 된 아들에게 교회를
물려주겠다고 선언했다. 마른하늘에 날벼락이었다. 당회 구성원
가운데 일부 장로를 중심으로 긴급회의가 열렸다. 담임목사를
제외하고 당회원 10명 사이에 세습 찬반을 놓고 격론이 벌어졌다.
"목사님 뜻대로 하자"는 쪽과 "청빙위원회에서 복수 후보를
대상으로 제대로 뽑자"는 주장이 5대 5로 팽팽히 맞섰다. 결국
결론을 내리지 못하고 2주 뒤 다시 당회를 열기로 했다. 그 사이에
집요한 회유와 협박이 이어졌다.

하지만 세습 반대파는 소신을 굽히지 않고 맞섰다. 세습안이
당회를 통과할 경우 장로직을 사임하겠다는 다짐까지 하면서,
오히려 교단에 관련 내용을 질의하자는 내용의 결의안을 당회에서
통과시켰다. 교회 안에서도 반대 의견이 확산되어 갔다. 이러자
담임목사는 수요예배에서 "임기 중에는 이 문제를 더 이상
거론하지 않겠다"며 사실상 세습 철회 의사를 교인들에게 밝혔다.
서울 서대문구에 소재한 한 성결교회는 2010년 4월에 담임목사가
조기은퇴를 결정하고 후임자를 물색했다. 당회가 결정한 후임자는
미국에서 목회하는 담임목사의 아들이었다. 당시 당회원 18명 중
13명이 찬성하고 5명이 반대하여, 이 문제를 통과시켰다. 하지만

5월 9일 열린 임시 사무총회에서 참석한 교인 947명 중 598명이 이 결정에 반대표를 던져 목회 세습을 저지했다.

하지만 이후 새로운 담임목사 청빙 과정에서 교회는 심각한 내분을 겪었다. 담임목사가 그를 추종하는 장로들과 함께 징검다리 세습을 목적으로 특정 후보를 지지한다는 소문이 번지면서, 교회는 큰 어려움을 겪었고, 그 와중에 500여 명의 교인들이 교회를 떠났다. 결국 2011년에 현재의 담임목사가 부임하면서 세습 가능성은 완전히 사라졌고, 2014년에 이르러 갈등 속에 있던 장로들이 공개적으로 참회하고 화해함으로써 교회가 정상화되기 시작했다.

3. 제안

(1) 건강한 기독교 생태계를 만들어라

급박한 현안으로 떠오른 교회 세습을 저지하기 위해 다양한 차원의 현실적이고 즉각적인 해법을 마련해야 한다. 하지만 더 근본적이고 구조적인 대안을 마련하기 위해 거시적이고 장기적인 노력도 병행해야 한다. 한국 교회사 130년 만에 세습이 만연하게 된 것은 지난 역사 속에서 형성된 한국 교회의 생태계에 구조적인 문제가 있다는 증거다. 따라서 이런 왜곡된 생태계의 근본적 개선

없이, 이 문제의 근본적 해결은 기대할 수 없다.

중형교회 중심의 생태계 조성 소수의 (초)대형교회와 대다수의
소형교회로 구성되어 있는 양극화된 교회 생태계를 지양하고,
중형교회의 층이 두터운 교회 생태계를 지향해야 한다.

초대형교회의 분립 추진 (초)대형교회를 중형교회로 분화/분립할 필요가
있다. 이로써 더 많은 목회자들에게 목회의 기회를 제공하고,
교회의 공공성과 역동성도 강화할 수 있도록 해야 한다.

목회자 수급 조절 교회의 필요와 수용 능력을 고려하지 않은
상태에서, 과도하게 배출되는 목회자의 수를 교단 차원에서 적절히
통제함으로써, 목회 현장의 수요·공급을 건강하게 조절할 필요가
있다.

목회 영역의 다양화 목회자들의 활동 영역을 다양화·세분화함으로써,
즉 언론, 출판, 봉사, 교육, 선교 등의 영역을 더욱 개발하고
확대함으로써 목회자들이 교회 사역에만 관심과 능력을 한정하지
않도록 도와야 한다. 이를 위해 교단, 신학교, 교회, 사회의 지혜와
협력이 필요하다.

⑵ 교단 차원의 법적·제도적 장치를 마련하라

교회 세습이 교회를 사유화하고 교회에 대한 기득권을
영구화하려는 탐욕의 소산이라면, 이 문제의 해결을 개인의
의지와 결단에만 의존하는 것은 사안의 심각성에 비해 너무
소극적인 대처다. 특히, 교회 안의 독특한 인간관계 및 역학관계를
고려할 때, 교인들 스스로 문제를 해결하도록 요구하는 것은
현실적인 한계가 분명하다. 따라서 교단과 노회(지방회) 차원의 법적·
제도적 규제 방안이 마련되어야 한다.

세습방지법 제정 감리교회·예장통합·기장의 경우처럼, 교단 헌법에
후임 목사의 자격을 제한하는 규정을 만들거나, 목사 청빙 승인 시
혈연관계에 있는 사람을 배제한다는 내용의 노회 규정을 마련해야
한다.

은퇴 목사의 간섭 배제 후임 목사가 소신껏 일할 수 있도록, 은퇴한
목사는 교회와의 관계를 철저히 단절해야 한다. 예배 참석뿐
아니라, 목회와 관련된 모든 사안에 일체 관여하지 못하도록
조치해야 한다.

은퇴 목사의 후광 차단 장치 마련 은퇴 목사의 후광효과를 배제할 수
있도록 일정 시간이 경과한 한 후(예, 5년), 공정한 목회자 청빙

절차를 적용해야 한다.

(3) 교회의 민주적 운영 체제를 확립하라

교회 운영이 목회자의 독단적 방침과 결정에 의해 이루어질 때,
따라서 교회 안에 합리적·민주적 절차가 마련되지 못했을 때,
목회 세습의 강한 유혹을 받을 수밖에 없다. 따라서 개별 교회
안에서 목회 세습 같은 반성경적·비합리적 관행이 뿌리내리지
못하도록, 교회 운영과 의사결정 과정을 합리화·민주화하도록
노력해야 한다.

의사결정의 민주화 담임목사 청빙과 후임 결정뿐만 아니라, 교회의
모든 의사 결정이 합리적이고 투명하며 민주적으로 이루어지도록
해야 한다.

목회와 행정의 분리 담임목회자가 실질적인 전권을 행사할 수 있는
교회 운영 구조와 관행을 개선하기 위해, 목회와 행정을 분리하고
상호 건강한 견제가 이루어지도록 해야 한다.

목회자 임기제 도입 교회에 대한 담임목회자의 소유 의식을 청지기
의식으로 전환하기 위해, 목회자의 임기제를 도입할 필요가 있다.

목회자 예산 사용 제한 목회자 재량에 의한 예산 사용의 목적과 범위와 방식을 투명하게 관리할 필요가 있다.

성도들의 교육 강화 성도들이 목회자에게 맹목적으로 의존하거나 신뢰하지 않고, 주체적으로 사고하고 책임 있게 교회 운영에 참여할 수 있도록, 성도들에 대한 교육과 훈련에 힘써야 한다.

(4) 목회자의 의식을 개선하라

교회 안에서 담임목사직 세습은 교회와 목사에 대한 목회자들의 왜곡된 의식과 무관하지 않다. 교회의 머리가 주님이시라는 원칙을 망각하고, 목회자가 자신의 헌신과 공로에 집착하며 교회를 사유화하려는 것은 심각한 신학적 오류다. 교회가 성령과 성도들에 의해 형성되고 구성되며, 목회자도 교회의 일원이라는 사실을 무시하고 자신의 독점적 권력과 지위를 남용하려는 것은 교회의 공공성을 훼손하는 범죄행위다. 따라서 목회자가 교회와 목사직에 대한 바른 이해 속에 목회할 수 있도록 돕는 다양한 장치가 필요하다.

신학 교육 강화 신학교마다 교회론과 목사직에 대해 더욱 체계적이고 심도 있는 교육을 실시해야 한다. 양적 성장에 큰 부담을 느끼는 목회자들이 교회와 사역의 본질을 망각하지 않도록 그들을 교육하는 일차적 책임이 신학교에 있기 때문이다.

노회(지방회) 차원의 목회자 재교육 필요 목회자들이 교회에 대한 올바른 신학과 의식을 갖고 건강하게 목회할 수 있도록, 노회 차원의 재교육 혹은 연장교육이 체계적으로 진행되어야 한다.

목회자들의 독서모임 활성화 비슷한 환경에서 목회하는 목회자들이 더욱 본질에 충실한 교회를 세우기 위해, 진지하고 수준 높은 신학강독모임을 진행할 필요가 있다. 이를 통해 서로의 목회적 관심과 고민을 나누고, 적절한 해법을 찾기 위해 고민하면서, 이상과 현실의 괴리 문제를 건강하게 해결할 수 있을 것이다.

⑸ 시민단체를 포함한 다양한 그룹들이 세습반대운동을 지속적으로 전개해야 한다

세습반대운동은 지속되어야 한다 언제든지 세습 당사자가 될 수 있는 개교회 목회자들이 교인들에게 세습의 부당성에 대해 교육하고 스스로 세습반대운동에 나서기를 기대하는 것은 어렵다. 또한 목회자들의 강력한 영향 하에 있는 교단들이 이 운동을 주체적으로 철저하게 전개하리라고 기대하는 것도 쉽지 않다. 따라서 이 문제가 빠른 시일 내에 해결되리라고 기대할 수 없다. 최근에 나타난 작은 성과들에 만족해서도 안 된다. 그러므로 한국 교회 안에서 부당한 세습이 종식될 때까지 이 운동은 지속되어야 한다. 교단 및 목회자들을 대상으로 한 홍보활동, 언론을 통한 교회와 사회에 대한 여론 형성 및 압력 행사, 그리고 학문적 대안과 대중 계몽을 위한 다양한 학술활동 등이 다양한 시민단체들과 교단 내 반대그룹들을 주축으로 지속적으로 전개돼야 한다.

각 교단의 반대세력과 연대하라 교회 세습을 막는 가장 중요한 장치는 교단법이다. 결국 교단 차원에서 이 문제에 대한 관심과 이해를 증진시키고, 궁극적으로 법적 결의를 유도하기 위해 지속적이고 광범위한 노력이 필요하다. 다행히 교단마다 이 문제에 관심을 갖고 구체적으로 행동하는 그룹들이 있다. 이들의 힘을 하나로 모아, 이 운동이 개별 교단 차원을 넘어 한국 교회 전체로 확산될 수 있도록 초교파적 연합기구를 구성해야 한다. 이 연합기구의 구성을 위해 세반연이나 교회개혁실천연대 같은 시민단체들이 중계자 역할을 할 수 있을 것이며, 이렇게 구성된 연합기구를 중심으로 범 교단 차원에서 이 운동이 지속적으로 전개되어야 한다.

교인들을 대상으로 계몽운동을 전개하라 개교회 내에서 세습을 막는 일차적 책임은 교인들에게 있다. 하지만 교인들과 목회자의 인간관계 및 역학관계 등에 의해 지금까지 교인들이 세습 반대에 적극적으로 나서지 못했다. 결국 목회자에 대한 반대나 저항이 쉽지 않은 한국 교회의 독특한 문화 속에, 그럼에도 교인들이 목회자의 목회 방침이나 의사결정 과정에 대해 성경과 상식에 근거하여 합리적 판단을 내리도록 돕지 않는다면, 이런 부당한 현실의 개선을 기대하긴 어렵다.

따라서 세반연을 비롯한 반대운동단체들은 특히 교인들에게 세습의 부당성을 더 직접적·효과적으로 알리고, 합리적·구체적 대안을 제시하는 노력을 체계적·창조적으로 전개해야 한다. 홍보 책자 발행, 시민강좌 개최, 방송과 언론을 통한 계몽활동 같은 기존 방식 외에, SNS를 활용한 방법들을 새롭게 개발할 필요가 있다.

제3부

—

세습과
신학

제1장
구약학적
고찰

1. 세습 원인에 대한 구약학적 고찰

(1) 혈연주의

구약 성경은 혈연주의를 따르지 않는다. 대표적인 경우가
여호수아서에 나온다. 흔히 여호수아서는 가장 혈연적인 혹은
민족적인 책으로 오해된다. 혈통적 이스라엘이 아니라는
이유만으로 가나안 사람들이 멸절당한 것으로 생각하기 쉽기
때문이다. 그러나 여호수아서는 하나님의 백성이 혈연으로
이루어진 것이 아니라 여호와에 대한 신앙 혹은 언약을 통해

이루어진 공동체임을 여러 사건을 통해 분명히 보여 준다. 예를 들어, 7장 11-12절을 살펴보자.

이스라엘이 범죄하여 내가 그들에게 명령한 나의 언약을 어겼으며 또한 그들이 온전히 바친 물건을 가져가고 도둑질하며 속이고 그것을 그들의 물건들 가운데에 두었느니라. 그러므로 이스라엘 자손들이 그들의 원수 앞에 능히 맞서지 못하고 그 앞에서 돌아섰나니 이는 그들도 온전히 바친 것이 됨이라 그 온전히 바친 물건을 너희 중에서 멸하지 아니하면 내가 다시는 너희와 함께 있지 아니하리라.

이 본문에서 "온전히 바친 물건" 또는 "온전히 바친 것"이라는 표현을 주목해야 한다. 이는 히브리어 "헤렘"의 우리말 번역으로, 가나안 사람의 "진멸"을 말할 때 사용되는 것과 같은 단어다. 이 단어는 7장 1절에도 등장한다. "이스라엘 자손들이 온전히 바친 물건[헤렘]으로 말미암아 범죄하였으니 이는 유다 지파 세라의 증손 삽디의 손자 갈미의 아들 아간이 온전히 바친 물건[헤렘]을 가졌음이라 여호와께서 이스라엘 자손들에게 진노하시니라." 이런 관찰들을 토대로 상황을 이렇게 요약할 수 있다. 언약을 배신한 이스라엘은 그들이 "헤렘"시켜야 했던 가나안과 마찬가지로 "헤렘"이 되고 만 것이다. 다시 말해, 언약을 어긴 이스라엘은 그들이 혈통적으로는 여전히 이스라엘이지만 하나님

앞에서는 가나안과 다를 것이 전혀 없게 된 것이다.[10] 이러한
사실은, 이스라엘을 하나님의 백성으로 만든 것은 그들이
아브라함의 자손이라는 혈통적인 이유 때문이 아니라 그들이 지킨
언약 때문이었음을 분명히 확인할 수 있다.

(2) 권위주의적 지배구조

다윗이 왕이 된 후 그에게 주어진 나단의 신탁은 사울과는 달리
다윗 왕조 안에서 왕위 계승을 긍정한다.

> 여호와가 또 네게 이르노니 여호와가 너를 위하여 집을 짓고, 네 수한이 차서 네
> 조상들과 함께 누울 때에 내가 네 몸에서 날 네 씨를 네 뒤에 세워 그의 나라를
> 견고하게 하리라. 그는 내 이름을 위하여 집을 건축할 것이요 나는 그의 나라
> 왕위를 영원히 견고하게 하리라. 나는 그에게 아버지가 되고 그는 내게 아들이
> 되리니 그가 만일 죄를 범하면 내가 사람의 매와 인생의 채찍으로 징계하려니와
> 내가 네 앞에서 물러나게 한 사울에게서 내 은총을 빼앗은 것처럼 그에게서
> 빼앗지는 아니하리라. 네 집과 네 나라가 내 앞에서 영원히 보전되고 네 왕위가
> 영원히 견고하리라 하셨다(삼하 7:11-16).

이 나단의 신탁은 다윗 왕조와 그 안에서 벌어질 왕위 세습을
긍정하며 신학적으로 지지한다. "네 몸에서 날 네 씨를 네 뒤에"
여호와께서 "세워 그의 나라를 견고하게 하"시겠다는 것이다. 또한

설령 그 세습한 왕이 범죄한다 하더라도 잠시 징계는 있겠지만 사울과는 달리 은총을 빼앗지 않고 그 왕가와 나라가 여호와 "앞에서 영원히 보전되고" 그 왕위가 "영원히 견고"할 것이라고 약속한다. 이보다 더 왕위 세습을 긍정하는 본문을 찾기는 어려울 것이다.

그러나 이 약속과 관련해 명심해야 할 것이 있는데, 이 약속은 이스라엘의 역사 속에서 이루어지지 않았다는 사실과(역사상의 이스라엘 왕국은 망했다!) 그렇게 이 약속을 "실패"하게 만든 것은 권력을 세습하며 누렸던 왕들의 잘못 때문이라는 사실이다. 하나님의 약속이 역사적 층위에서 깨질 정도로 다윗 왕조는 잘못되어 버린 것이다. 같은 맥락에서 바람직한 지도력 승계로 볼 수 있는 예들은 거의 모두 혈연에 기초하지 않고 있다. 모세를 승계한 여호수아, 엘리를 승계한 사무엘, 엘리야를 승계한 엘리사, 이런 승계들은 모두 혈연적 승계가 아니다.[11]

2. 세습 정당화에 대한 구약학적 고찰

(1) 안정적인 목회를 위한 세습?

세습이 안정적 목회를 가능하게 한다는 주장과 관련해서, 구약을 중심으로 하는 이 글에서 말할 수 있는 것은 왕권이 세습되었던 이스라엘의 경우 결코 안정적이지 않았다는 사실이다. 북이스라엘은 계속되는 정변으로 인해 "물에서 흔들리는 갈대"와 같이 불안했다(왕상 14:15).

남유다의 경우 다윗 왕조가 잘 이어진 것으로 보이나, 왕조가 계속 이어질 수 있었던 것은 권력이 세습되는 왕정이 안정적인 제도이기 때문이 아니라, 하나님께서 다윗을 위해 등불을 주셨기 때문, 즉 하나님의 은혜 덕분이었다(왕상 11:36; 15:4; 왕하 8:19). 아버지의 통치 철학을 아들이 잘 이어갔기 때문에 다윗 왕조가 지속될 수 있었던 것이 아니었다. 그들의 죄악에도 불구하고 베풀어진 은혜가 다윗 왕조를 지켜 냈으며, 여호와께서 다윗이 어디를 가든지 이기게 하셨을 때는 다윗이 이스라엘 모든 백성에게 정의와 공의를 행하던 때였다(삼상 8:15).

(2) 적법한 절차?

열왕기상 21장에 나오는 나봇의 재판은 절차적으로 합법적인 과정에 권력이 개입했을 때 얼마든지 잘못될 수 있다는 것을 잘 보여 준다. 즉, 어떠한 일을 행한 과정이 적법하다는 사실만으로 그 일의 옳음이 자동적으로 보장되는 것은 아닌 것이다. 나봇에게서 포도원을 빼앗기 위해 이세벨이 나봇이 사는 성읍의 장로와 귀족들에게 편지를 보내면서 불량자 두 사람을 세워 나봇이 하나님과 왕을 저주했다고 증언하게 만든다. 이때, 나봇이

하나님과 왕을 저주했다고 증언하는 사람을 두 사람으로 명한
것은 법의 절차를 지키기 위해서였다.

신명기 19장 16절에 의하면, 재판에는 둘 또는 세 증인이 필요했다.
즉 나봇이 아합의 제안을 거절했다는 사실과 증인으로 두 불량한
자들이 세워진 것이 이세벨의 편지 때문이라는 것을 모르는
나봇의 성읍 사람들은 나봇이 하나님과 왕을 저주했다는 이유로
처형당하는 장면을 보면서 아무런 이상함을 느끼지 않았을
것이다. 그들이 볼 때, 나봇은 적법한 절차를 따라 재판을 받고 그
재판 결과에 따라 적법하게 처형되었다고 생각했을 것이다. 그러나
그러한 적법한 겉모습과 달리 그 속에서는 십계명의 여러 계명들이
범해지고 있었다. 탐내지 말라는 계명, 거짓 증거하지 말라는 계명,
살인하지 말라는 계명, 도둑질하지 말라는 계명, 그리고 약간
확대한다면 부모를 공경하라는 계명까지, 간음하지 말라는 계명을
제외하고 흔히 십계명 중 윤리적 계명이라고 이해되는 5계명에서
10계명까지가 거의 다 범해졌던 것이다.[12]

3. 판단 기준

세습을 포함하여 어떤 행동이 옳고 그름을 판단하는 기준에는
어떤 것들이 있는가?

첫째로, 하나님의 명령이다. 하나님의 명령을 따르는 것이 바른 일이다.

둘째로는 하나님을 닮는 것이다. 인간이 하나님의 모든 성품과 행동을 모방할 수는 없지만, 이집트에서 종과 나그네 되었던 이스라엘에게 하나님이 보여 주신 성품과 행하신 행동은 이스라엘 사람들이 그들 가운데 거주하는 이방인들을 어떻게 대해야 하는지에 대해 따라야 할 모방의 대상이었다(신 25:18 참고). 하나님의 성품과 행동을 따르는 것이 바른 일이다.

셋째로는 '자연법'이 윤리적 행동의 한 토대가 된다.[13] 하나님의 명령과 하나님을 모방하는 것은 구속 받은 하나님의 백성의 경우 분명히 적용될 수 있는 반면, 하나님과의 구속적 관계 가운데 있지 않은 열방들의 경우에서 하나님은 그들의 행동을 판단하시는데, 그 근거가 무엇이냐는 질문이 가능하다. 그 답이 '자연법'이다. 하나님께서 세상을 창조하시면서 그 가운데 도덕 질서를 세우셨고, 그런 질서에 대한 인식이 사람들에게 내재되어 '양심' 또는 '상식'을 통해 드러날 수 있다는 것이다. 이런 논의가 세습과 관련되어 의미 있는 이유는, 교회 세습이 지금 대한민국 사회와 교회 상황에서 양심과 상식에 반(反)하기 때문이라는 지적들이 많기 때문이다.

4. 결론

세습의 원인으로 혈연주의와 권위적 지배구조가 지적되어 왔는데, 이 두 가지에 대해 구약은 명확히 반대하고 있다. 기독교가 혈연이 아니라 언약의 종교인 것은 신약에 와서 그렇게 된 것이 아니라 이미 구약에서부터 그래 왔음을 주로 여호수아의 내용을 통해 확인했다.

구약에 나오는 가장 대표적인 권위적 지배구조로 왕정을 들 수 있을 것이다. 그런데 일반적인 인식과 달리 구약, 특히 역사서는 혈연에 의한 세습을 토대로 하는 왕정에 부정적인 입장임을 확인했다. 아무리 훌륭한 지도자라 하더라도, 그들의 권력을 이어받은 자녀들은 정반대의 악한 모습을 보여 주었으며, 이와 대조적으로 바람직한 지도력 이양으로 보이는 예들은 모두 혈연에 기초하지 않았다.

세습을 정당화하는 구실로 적법한 절차를 밟았다고 주장하는 경우가 많지만, 하나님의 백성에게 요구되는 삶의 수준은 법을 지키는 수준이 아니다. 법 자체가 권력의 이해 때문에 왜곡될 수 있으며, 법의 실행 또한 얼마든지 겉으로는 그 절차를 적법하게 보이게 하면서도 본질적으로는 악한 일을 할 수 있기 때문이다. 우리는 이것을 적법한 절차를 통해 나봇을 죽이고 그의 밭을 빼앗은 아합과 이세벨의 이야기를 통해 확인했다.

세습을 반대하는 이유 중에는 세습이 현재 한국 사회와 교회의
상황 속에서 윤리적으로 쉽게 용납될 수 없다는 지적이 있다.
이러한 지적은 구약 윤리 체계 안에서 얼마든지 토대를 가질 수
있는 주장임을 구약 윤리의 '자연법'적 특징을 간략히 살펴보는
것으로 확인했다.

부모의 담임목사직을 자녀가 이어받는 것이 어떤 상황, 어떤 시대,
어떤 맥락에서든 절대로 해서는 안 되는 범죄라고 할 수는 없을
것이다. 그러나 현재 한국 교회와 사회의 상황은 그러한 일이
단순한 '자녀 청빙'이 아니라 '일정한 특권이 혈연적으로 계승'되는
'세습'임이 분명해 보인다. 그런 세습은 구약 성경에서 근거를 찾을
수 없으며, 구약 성경이 반대하는 것이다. 교회 세습은 목회자가
왕의 자리에 있음을 보여 주는 것이며, 하나님의 왕 되심을
부정하는 것이기 때문이다.

제2장
신약학적
고찰

1. 예수의 교회와 지도자 이해

예수의 지상 활동은 개인의 탁월한 능력의 표출이 아니라
하나님나라 운동이었다. 그 운동은 여럿이 하는 것이다. 운동원이
많으면 많을수록 좋다. 예수는 열두 제자를 불러 둘씩 둘씩
묶어 보내며 하나님나라의 도래를 알리라고 한다. 누가복음에
의하면, 열두 제자를 보낸 후에는 70인을 세워 다시 둘씩 보내어
하나님나라의 도래를 알릴 것을 촉구한다. 예수와 그의 제자들이
하나님나라 운동을 함께 도모하며 동고동락했지만, 우리는

그 운동을 교회라 부르지는 않는다. 현대 교회와 같은 조직도 찾아보기 어렵고, 예수를 주로 고백하고 기리는 단체는 아니었기 때문이다.

그럼에도 전승에 따르면, 예수의 가르침 중에서 교회 구성원과 교회 지도자가 가져야 할 품격에 대한 윤곽을 찾아볼 수 있다. 마가복음 3장 31-35절에 유명한 일화와 함께 예수의 발언이 전해진다. 예수가 사람들과 함께 있으면서 토론할 때, 그의 어머니와 형제자매들이 찾아와 문밖에서 예수를 부른다. 이에 대한 예수의 발언이 의미심장하다. "누가 내 어머니이며 동생들이냐?"(막 10:33)고 반문하시며 그와 함께 둘러앉은 사람들을 보고 "누구든지 하나님의 뜻대로 행하는 자가 내 형제요 자매요 내 어머니이니라"(막 10:35)고 말씀하신다. 이 구절은 한국 교회 세습과 관련하여 시사하는 바가 크다. 꼭 혈육관계에 있는 자식들에게만 교회를 물려주는 것이 옳은가? 성경은 분명히 신앙 안에서 모든 이들이 형제자매요 아들딸이라고 선언한다. 따라서 혈육 관계에 집착하거나 한정하여 후임자를 결정하려는 노력은 모두 이런 성경적 가르침에 정면으로 위배되는 것이다.

또한 마가복음 10장 35-45절에는 예수의 제자인 야고보와 요한의 기대에 대한 예수의 대답이 전해진다. 야고보와 요한은 예수의 제자들로, 주님의 좌의정과 우의정이 되고자 한다. "주의 영광 중에 우리를 하나는 주의 우편에 하나는 좌편에

앉게 하여 주옵소서"라고 말이다(막 10:37). 이에 대해 예수는
냉정하게 거절한다. 그것은 "내가 줄 것이 아니라, 누구를 위하여
준비되었든지 그들이 얻을 것이라"(막 10:40). 이어서 지도자가
갖추어야 할 덕목을 전한다. "너희 중에 누구든지 크고자 하는
자는 너희를 섬기는 자가 되고, 너희 중에 누구든지 으뜸이
되고자 하는 자는 모든 사람의 종이 되어야 하리라."

이 말씀이 제시하는 지도자상은 일반적인 통념과 사뭇 다르다.
우리는 지도자가 타인보다 능력이 많아서 타인에게 일을 시키는
위치에 있다고 생각한다. 그러나 예수의 사상에 의하면, 지도자는
타인의 종이 되어야 한다. 무능하고 무가치하기 때문에 비천한
자리에 있는 것이 아니라, 참다운 지도자는 탁월한 능력과 실력에
앞서 겸손과 헌신의 자세를 먼저 갖추어야 한다는 뜻이다.

2. 바울의 교회와 지도자 이해

바울이 복음을 전하며 선교 활동을 활발히 하고 교회를 개척하던
때, 그 자신은 교회에 오래 머물지 않았다. 요즘 목사들처럼 정년
은퇴나 은퇴 후 교회로부터 생활비와 같은 연금을 받는 원로 목사
같은 것은 상상도 해보지 못했다. 그는 예수 그리스도의 재림이

임박했다고 확신했기 때문에 시간이 없었다.

바울은 예수께서 다시 오시기 전에 한 명이라도 더 구원하기 위해 예수의 이름이 불리지 않는 곳에서 예수를 알려야 했다. 그래서 그는 한 교회에 머물지 않고 떠나 다른 곳에서 전도했다. 한 지역에 머물러 제자를 양육하거나 은퇴를 앞두고 후임자 선정에 고심하는 모습을 찾아 볼 수 없다. 그렇다면, 바울은 교회와 교회 지도자에 대해 어떻게 생각했을까?

(1) 교회 이해

에클레시아 '교회'로 번역되는 헬라어는 에클레시아(ekklesia)다. 이 낱말은 신약성서에 114회 사용되고 있으며, 바울서신에선 44회 사용된다. 에클레시아는 '~부터'라는 의미의 '에크(ek)'와 '부르다'라는 의미의 '칼레오(kaleo)'가 합성된 어휘로, '불러내어진 자들'이란 의미다. 그래서 '세상으로부터 불러내어진 자들'이란 의미도 띨 수 있다. 고대 그리스나 헬레니즘 시대에 이 낱말은 '투표권을 지닌 자유 시민들이 정기적으로 모이는 모임'이라는, 정치적인 의미로 사용되었다. 초기 교회도 세상과 구별되었다는 의식을 가지고 정기적으로 모였기 때문에 이 낱말을 교회 모임에 적용한 것으로 보인다.

성도(호이 하기오이) 성도란 '거룩한 자들'이란 뜻이고, 거룩이란

구별되었다는 의미다. 바울은 특히 예루살렘 교회의 구성원을
성도라고 부르곤 했는데(롬 15:25-26; 고전 16:1; 고후 8:4; 9:1, 12), 이 말은 모든
그리스도인이 자칭 타칭으로 부르던 말이다. 그리스도인들은
세례와 함께 새로운 자의식, 즉 죄사함 받고(깨끗하여지고),
거룩해졌으며, 의롭다함을 받은 자라는 의식을 가졌기
때문이다(고전 6:11 참조). 그들은 세상과 구별된 존재로 살았는데,
그리스도인들뿐 아니라 비 그리스도인들의 눈에도 그렇게 보였다.

그리스도의 몸(소마 크리스투) 바울은 "그리스도의 몸과 지체"라고
교회를 표현한다(고전 12:12-31). 고린도교회는 교인들 간에 각자가
가진 은사들을 자랑하는 가운데 분쟁이 일어나고 있었다. 이
문제의 해결책으로 내놓은 개념이 그리스도의 몸이다. 교회는
건물이 아니라 사람들이고, 개개의 교회 구성원은 한 몸의 지체들
(손, 발, 눈, 귀, 코 등)이다. 각 지체들이 기능을 하여 한 몸이 살아가듯,
교회도 개개의 구성원들이 가진 능력을 발휘함으로 살아가는
유기체다. 드러나는 것은 개인의 능력이 아니라 그리스도다.

성령의 전(성전) 바울이 성전 개념을 사용한 것은 교회 건물을 두고
한 것이 아니다. 고린도전서 6장에서, 바울이 교인들에게 음행을
피하고 거룩한 생활을 하라고 권면하는 과정에서 선언한 말이다.
"너희 몸은 하나님께로부터 받은바 너희 가운데 계신 성령의

전인 줄 알지 못하느냐!"(고전 6:19). 교회, 즉 성전은 교회 건물이
아니라 교인 한 사람 한 사람을 가리킨다. 그러므로 성전을 위하는
목회자의 활동은 교인을 위한 봉사이며, 교회를 섬기는 것은
교인을 섬기는 것이어야 한다.

(2) 교회 지도자 이해

"하나님이 교회 중에 몇을 세우셨으니 첫째는 사도요 둘째는
선지자요 셋째는 교사요 그 다음은 능력을 행하는 자요 그 다음은
병 고치는 은사와 서로 돕는 것과 다스리는 것과 각종 방언을
말하는 것이라"(고전 12:28). 바울에 의하면 이 모든 직책은 성령의
은사로 인해 가능한 것이다.
이 구절에 의하면, 교회 안의 직분은 은사에 의해 이루어지며,
모든 직분이 교회를 위해 중요하여 순위를 매길 수 없지만, 사도·
선지자·교사가 보다 지위 높은 직책으로 간주되었음을 알 수
있다. 이 중에 가장 먼저 언급된 사도는 '보냄을 받은 자'라는
뜻으로, 바울처럼 복음을 전하며 교회를 개척하던 사람이다.
사도는 복음을 전하며 다니는 것이 특징이다. 그러므로 한 지역에
오래 머물러 사역하는 것은 어울리지 않는다.
이에 반해, 선지자와 교사는 지역 공동체 출신으로서 오래 머물며
활동했을 가능성이 높다. 여기서 선지자는 구약성서의 예언자와
달리 교회 안에서 어려운 일을 당한 사람을 위로하고 덕을 세우며

권면하는 일을 담당한다. 그런 일을 위해선 공동체 구성원들을 잘 알고 있어야 하며, 따라서 사도처럼 이 지역 저 지역을 다니면서 할 수 있는 일이 아니다. 교사는 성경을 가르치는 사람으로서, 교회 공동체 안에 머물며 공동체 멤버들을 잘 알고 그들이 잘 알아들을 수 있게 풀어 주어야 한다.

(3) 동역자 이해

바울은 사도로서의 자의식을 가지고 활동했다. 그러나 그는 독불장군처럼 혼자 활동한 것이 아니다. 사도행전에 의하면 초기 선교활동은 바나바와 함께 한 것으로 되어 있다. 그러나 바울 서신에는 바나바의 이름이 언급된 적이 거의 없다. 대신, 고린도에서 함께 활동한 브리스가와 아굴라의 이름은 여러 번 언급되고, 그 외 바울 서신 서두에 언급되는 발신인들도 바울의 동역자로 생각해 볼 수 있다. 그중에 소스데네는 한 번(고전 1:1), 실루아노는 두 번(살전 1:1; 살후 1:1), 그리고 디모데는 여러 번 언급된다 (고후 1:1; 빌 1:1; 골 1:1; 살전 1:1; 살후 1:1; 몬 1). 디모데는 빌립보서에서 바울 자신과 동급으로 '그리스도 예수의 종'으로 소개되고, 그 외의 서신에서는 '형제'라는 칭호로 소개된다. 이것으로 보아 바울의 사역에서 디모데는 특별히 오랫동안 함께 활동한 것으로 볼 수 있다.

바울 서신에서는 디모데가 바울과 공동발신인으로 기록된

반면, 목회 서신(디모데전서, 디모데후서, 디도서)에서는 바울이 디모데에게 편지하는 형식으로 기록되어 있다. 이 서신에서는 디모데를 바울의 '믿음 안에서 참아들'(딤전 1:2), '사랑하는 아들'(딤후 1:2), '나의 참아들'(딛 4)로 언급했다.

이러한 표현은 한국 교회 세습 문제 해결을 위한 통찰을 준다. 즉, 세습하고 싶은 아들을 꼭 혈연관계의 아들이 아니라 믿음의 아들로 확대하면 좋을 것 같다. 많은 교회의 경우, 담임목사가 은퇴하거나 사임할 때 부목사들도 사임하게 하는데, 오히려 부목사 중에서 후임자를 구하는 것도 성경적인 방법이라 할 수 있다.

⑷ 후임자 이해

복음을 전하는 일에 헌신했던 바울이 교회를 떠나면서 자신이 가장 신임하는 사람을 후임자로 선정하고 떠났다면 교회에 문제가 없었을까? 고린도교회를 개척하고 떠난 바울은 에베소에서 고린도교회 소식을 듣는다. 교회에 파당(분쟁)이 있다는 것이다(고전 1:11). 교인들의 말로는 "나는 바울에게 속하였다", "나는 아볼로에게 속하였다"(고전 1:12; 3:4)는 것인데, 이 문제는 결국 바울이 떠난 후 아볼로가 고린도교회에 들어와 지혜의 말을 가르침으로써 생겨난 일이다. 개척자 바울을 좋아하는 사람과 후임자 아볼로를 좋아하는 사람으로 나뉘는 것은 자연스런 현상이다.

바울은 이에 대해 바울 자신이나 아볼로나 모두 하나님의 동역자이며(고전 3:9), 자신은 심고 아볼로는 물을 주는 것일 뿐, 자라게 하시는 이는 하나님이라고 언급한다(고전 3:6-7). 이로써 바울을 좋아하든 아볼로를 좋아하든 교회 안에서 하나 될 것과 사람을 자랑하지 말 것을 권면한다(고전 3:3, 21). 이 구절은 아들이 아니라 누구라도 후임자가 될 수 있으며, 개인의 능력과 교인들의 호감이 달라도 교회가 하나 되도록 노력할 것을 가르친다.

3. 결론

신약성서 안에서 교회 세습의 근거를 찾으려고 한다면, 그 결과는 참담하다. 어느 한 구절도 교회 세습을 정당화해 주지 않기 때문이다. 교회는 혈육으로 구성된 것이 아니며, 예수의 말대로 "하나님의 뜻"을 실천하는 사람들의 사랑의 공동체이다. 바울의 표현대로 한다면, 예수 그리스도의 몸 된 교회 안에서 하나님을 아버지로 부르며 모든 믿는 자들을 형제자매로 부르는 성가족 공동체다.

제3장
조직신학적
고찰

1. 교회의 주권

신약성경에서 교회는 에클레시아(εκκλησια)라는 단어를 사용하는데, '부르심을 받은 무리'라는 뜻이다. 교회는 예수 그리스도의 복음으로 세상에서 부름을 받아, 성령 안에서 믿음과 사랑과 소망으로 응답하여, 하나님께 예배하고 복음을 전파하기 위해 모인 신자들의 공동체다. 이 공동체는 예수 그리스도 안에서 죄를 용서받고 하나님과 화목케 될 뿐 아니라, 서로 화목하여 올바른 사랑의 관계를 회복한 사람들의 공동체요 새로운 존재

방식이다(엡 2:11-22).

신약성경에서 교회는 '성도들', '시민', '하나님의 권속', '하나님의
성전'(엡 2:19), 혹은 '하나님의 동역자', '하나님의 밭', '하나님의 집'
(고전 3:9) 등으로 불린다. 교회는 예수 그리스도의 새 언약에 의해
모인 하나님의 백성이다(벧전 2:9). 구약의 이스라엘 백성도 하나님의
백성이었지만, 이제 교회는 유대인과 같은 특정 민족에 국한되지
않고, 그리스도 안에서 인종과 성별과 빈부와 귀천을 뛰어넘는
만민을 포함하는 하나님의 백성이다.

또한 신약성경이 자주 사용하는 은유는 교회가 '그리스도의
몸'이라는 것이다(고전 12:27, 엡 1:23). 그리스도는 이 몸의 머리요(엡
1:22), 신자들은 이 몸의 지체들이다(고전 12:27). 교회를 그리스도의
몸으로 표현한 이 은유는 교회를 하나의 유기적 공동체로
묘사하면서, 교회와 그리스도의 신비한 연합, 머리이신 그리스도와
신자들의 교제와 사랑, 그리스도 안에서 신자들 사이의 사랑의
교제와 연합 등을 함께 보여 준다. 교회가 하나님의 권속이요
하나님의 백성이요 그리스도의 몸이라면, 당연히 교회의 주(主)는
그리스도이시다. 우리는 그리스도에 의해 '값으로 산 것'(고전 6:20)이
된 존재들이다.

교회를 이렇게 이해할 때, 오늘날 문제가 되는 교회 세습은
주께서 교회의 주 되심을 부정하거나 심각하게 훼손하는 것이다.
교회를 세습하는 것은 특정 목회자와 그 가문이 교회의 주권을

차지하려는 시도라고 볼 수 있기 때문이다. 대부분의 교회 세습을 주도하는 대형교회들의 발전과 성장에서 카리스마적인 목회자의 역할이 지대했음을 부정할 수 없다. 그래서 그 목회자는 성장한 교회를 자신의 공적과 소유물로 간주하고, 자식에게 물려주고 싶은 충동을 느끼기 쉽다. 그럼에도 목회자는 교회가 그리스도의 부르심으로 이루어진 것임을 인정하고, 주님의 종처럼 "나는 무익한 종이라, 내가 하여야 할 일을 한 것뿐이라"(눅 17:10)고 고백해야 한다. 임기를 마쳤으면 겸손하게 그 자리에서 물러나야 한다. 그렇지 못한다면, 주님이 교회의 머리이심을 부정하고 그 자리를 찬탈하는 것이다.

2. 교회의 표징

주후 381년 콘스탄티노플 공의회에서 확정되어 발표된 '니케아-콘스탄티노플 신조'는 교회에 관하여 네 가지 표징을 고백한다. "우리는 또한 하나의(one), 거룩하고(holy), 보편적이며(catholic), 사도적인 (apostolic) 교회를 믿습니다."
교회는 근본적으로 하나이고, 거룩하며, 보편적이고, 사도적인 본성을 지닌다. 이 네 가지 표징은 하나님에 의해, 그리스도의 사역을 근거로 교회에 부여된 서술적 특징이다. 따라서 교회는

그 네 가지 표징을 자신의 행위와 삶을 통해 드러내고 실현해야
할 책임이 있다. 교회 세습은 이런 표징들을 심각하게 왜곡하고
훼손하는 행위다.

교회는 하나다 교회의 하나 됨은 그리스도 안에서 성령으로 형성된
새로운 공동체의 특징이다. 교회의 일치성은 여러 다른 인종, 성별,
신분, 언어, 문화를 가진 사람들이 그리스도 안에서 서로 사랑하며
하나가 되는 것이다. 또한 교회의 하나 됨은 성령 안에서 성부와
성자가 이루는 공동체의 일치를 반영한다(요 17:21). 교회의 일치성은
무형교회에만 해당하는 것이 아니라, 유형교회에도 해당된다.
하지만 교회 세습은 교회의 일치성을 훼손한다. 사회가 무어라
하든, 다른 교회야 어찌 되든 자신들의 교회만 좋으면 그만이라는
개교회주의적 발상을 드러내고, 교회 안에 분쟁과 분열을
야기하기 때문이다.

교회는 거룩하다 그 이유는 교회가 거룩하신 하나님의 부르심을 받아
거룩한 하나님의 언약의 백성이 되고, 그리스도 예수에 의해 죄
사함을 받고 구별되었기 때문이다. 다른 말로, 교회가 거룩한 것은
이 교회가 세상과 구별되어 하나님께 드려졌고, 그리스도 안에서
거룩한 사귐을 목표로 살아가기 때문이다. 교회의 거룩성은
무형교회에만 해당하는 것이 아니라 유형교회에도 해당하므로,

교회는 거룩하게 살아야 할 책임이 있다(벧전 1:16). 하지만 교회 세습은 교회의 목회직이 세속 권력처럼 보이게 함으로써 교회의 거룩성을 훼손한다.

교회는 보편적이다 교회에는 모든 시대·지역·인종·국가·언어·성별·신분·연령 그리고 모든 경제적 형편에 있는 사람들이 포함되어 있으며, 그렇게 모든 사람을 포함하는 전체성을 갖는다. 그러므로 교회는 특정인들의 의견을 대변하거나 특정인들의 이익과 권력에 봉사하는 단체가 아니다. 이런 맥락에서, 교회 세습은 교회의 보편성과 공공성을 해치고 교회를 사유화(私有化) 혹은 사사화(私事化, privatization)하는 것이다. 교회의 사유화란 교회라는 공적 단체를 사적인 소유물로 만드는 것이다. 교회 세습과 교회 사유화는 동의어다.

교회는 사도적이다 교회가 사도적이라는 말은 교회가 사도들이 전해 준 복음에 기초하며, 그 복음을 계속 전파하도록 보내심을 받았다는 의미다. 동시에, 교회의 사도적 계승은 사도들이 전해 준 복음과의 내용적 연속성, 초기 사도적 교회와의 내적 사귐의 연속성과 통일성에 있으며, 사도성은 하나님나라를 함께 선포하고 세워 가는 전체 공동체에 의해 계승된다. 하지만 교회 세습은 이런 사도성을 훼손한다. 특정 가문의 목회자만 복음을 설교할 수 있는 것처럼 만듦으로써, 교회를 사도적인 공동체가 아니라 특정 가문의 단체로 변질시키기 때문이다.

3. 기독론

우리는 그리스도와 그리스도의 핵심 메시지인 하나님나라를 전파한다. 우리의 신학은 그리스도와 그리스도의 하나님나라 선포를 중심으로 형성된다. 그런데 우리의 신학은 우리의 기도와 행동으로 나타나며, 우리의 삶과 교회의 삶은 우리가 믿는 하나님을 반영한다.

우리의 주 그리스도는 "만주의 주시요, 만왕의 왕"이시다(계 17:14). 그러나 그리스도께서 보여 주신 왕의 모습은 어떤 모습인가? 그분은 하늘 보좌를 버리고 자기를 낮추어 사람이 되셨고, 종의 모습으로 오셨으며(빌 2:5-8), 가난하고 병들고 소외된 자들의 친구가 되셨고, 제자들의 발을 씻기시며 섬김의 본을 보여 주셨다. 우리의 죄를 짊어지시고 고난당하시고 십자가에 죽으셨다. 주님은 "인자가 온 것은 섬김을 받으려 함이 아니라 도리어 섬기려 하고 자기 목숨을 많은 사람의 대속물로 주려 함이니라(막 10:45)"고 말씀하셨다. 주님은 폭력적 힘으로 군림하는 지도자가 아니라, 자기를 낮추고 섬기는 지도자요 왕이셨다.

그런데 교회는 그리스도의 몸이다. 교회가 그리스도의 몸이라는 것은 살아계신 그리스도께서 지금 교회를 통해 일하신다는 의미이며, 교회가 그리스도를 대신하여 이 세상에서 그리스도의 말씀을 전파하고 그리스도의 사랑을 실천하는 것을 의미한다. 물론, 교회 자체가 하나님나라는 아니지만, 교회는 하나님나라를 증거하고 섬기며, 그것을 실현해 가는 공동체다. 그리스도 자신의 지상적·역사적 실존 형태로서, 하나님나라의 잠정적 실현이라고 할 수 있다. 그래서 본회퍼는 교회를 "현존하는 그리스도요, 공동체로서 존재하는 그리스도"라고까지 말한 바 있다.[14] 교회는 그 삶을 통해 하나님나라의 삶을 반영해야 한다. 하나님나라는 하나님의 정의와 평화와 사랑의 나라다.

그렇다면, 담임목사직 세습은 세속 권력을 아들에게 물려주며 사람들 위에 군림하는 것으로, 예수 그리스도의 모습과 하나님나라의 정의를 왜곡하는 것이다. 따라서 교회 세습의 문제는 윤리 도덕의 문제를 넘어 신학의 문제가 된다.

4. 소명론과 청빙론

칼뱅은 교역자(주로 목사)가 정식으로 세움 받기 위한 두 가지 요소를 말한다. 각 사람이 하나님 존전에서 의식하고 있는 하나님의 비밀스러운 소명, 즉 내적 소명(inner calling)과 신자들(교회)이 어떤 신자의 자질과 자격을 판단해서 선택하는 외적 소명(outer calling)이 그것이다.[15] 하지만 칼뱅은 전자에 대해 "우리가 직책을 받은 것은 야망이나 이기심이 아니라, 하나님을 두려워하는 마음과 교회를 세우려는 욕망 때문이라는, 마음의 증거가 있어야 한다"고 말할 뿐, 주로 후자에 대해 다룬다.[16]

그런데 악한 자도 그의 악함이 드러나지 않으면 교회에서 정당하게 부름 받을 수도 있으므로, 확실히 하기 위해 경건과 학문, 그리고 선한 목자의 다른 여러 가지 은사들을 살펴보아야 한다고 조언한다. 그 은사들은 말씀에 대해 잘 알고 가르치며, 윤리적인 삶에서 흠이 없는 것이다. 이러한 것을 하나님의 선택의 증거로 보면서 가장 적격인 사람을 교역자로 선출하는데, 칼뱅은 그 과정이 투표를 통해 이루어져야 한다고 주장한다.

투표에 대한 성경적 근거는 사도행전 14장 23절의 "각 교회에서 장로들을 택하여 금식기도 하며, 그들이 믿는 주께 그들을 위탁하고"라는 구절인데, 이때 '택한다'는 뜻의 헬라어 '케이로토네오(χειροτονεω)'의 뜻 중에는 '손을 들어 선출한다'는 의미가 있다는 것이다.[17]

먼저, 세습과 내적 소명에 대해 살펴보자. 목사의 자녀가 다시 목사로 부름 받는 일은 얼마든지 있을 수 있다. 그러나 여기서 문제 삼는 것은 그런 부르심이 아니다. 세습하는 교회들의

담임목사 자녀들이 아버지가 일하던 교회로 부르심을 받는
것에 과연 진정한 내적 소명이 있는가 하는 것이다. 칼뱅은 내적
소명에 대해 "우리가 직책을 받은 것은 야망이나 이기심이 아니라
하나님을 두려워하는 마음과 교회를 세우려는 욕망 때문이라는,
마음의 증거가 있어야 한다"고 했는데, 과연 세습을 감행한
목사들은 아무 거리낌 없이 이러한 내적 증거가 있었다고 고백할
수 있을까? 우리 모두가 알고 본인들도 시인하듯이, 아들에게
교회를 물려주는 것이 다른 사람에게 물려주는 것보다 낫다는
극히 사적인 동기가 지배적임을 부인하기 어렵지 않을까?
그렇다면 외적인 소명은 어떻게 보아야 할까? 세습을 감행하는
교회들은 그 결정 과정이 법적으로 문제가 없다고 주장한다.
말하자면, 외적 소명의 정당한 절차를 밟았다는 것이다. 후임
목사 자신의 능력과 인격과 자질이 교인들로부터 정당한 인정을
받았다는 것이다. 그런데 많은 사람들이 과연 그것이 정의로운
절차였는지 의심하고 있다. 동일하게 혹은 보다 탁월하게 유능하고
인격적으로 훌륭한 다른 목사들에게 동등한 입장에서 평가받고
청빙 받을 수 있는 기회조차 주지 않는다면, 그런 절차를
정당하다고 할 수 있을까?
설령 형식적으로 어떤 복수 후보들에 대한 심사가 이루어진다
해도, 아들 목사는 이제 원로 목사가 되는 부친의 카리스마적
영향력의 후원을 받고 있는데 과연 공정한 심사가 가능할까? 또한

세습이 예상되는 자녀가 이미 그 교회 안에서 교역자로 일하면서 사람들에게 많은 영향을 미치고 지지를 받고 있는 상태에서, 설령 외부인 후보자가 있더라도 과연 동등한 심사가 가능할까? 이러한 사정은 마치 100미터 달리기를 하면서 어떤 선수는 50미터쯤 앞에서 출발하는 것과 같은 모양새다.

5. 결론

지금까지 교회 세습이 왜 신학적으로 문제가 되는지 살펴보았다. 교회론적으로 그것은 하나님의 백성이요 그리스도의 몸인 교회의 주권을 그리스도가 아니라 인간에게 돌리는 것이다. 니케아-콘스탄티노플 신조가 말하는 교회의 네 가지 표징의 관점에서 보면, 교회 세습은 교회의 일치성, 교회의 거룩성, 교회의 보편성, 교회의 사도성을 각각 훼손하는 행위다.
그리스도론적 관점에서 보면, 교회 세습은 그리스도의 몸인 교회가 그리스도를 올바로 반영하지 못하는 행위이고, 교회가 말과 행위로 전파하는 하나님 상, 그리스도 상 그리고 하나님나라를 왜곡하고 훼손하는 일이다. 소명론적인 입장에서 볼 때도, 교회 세습이 정당한 소명의 모습이라고 볼 수 없다.

제4장
윤리학적
고찰

1. 권력인가? 권위인가?

교회 행정은 목회자의 권력이 아니라 영적 권위로 행해지는
것이다. 권위는 상향적이지만, 권력은 하향적이다. 권위는 공동체의
자발적 존경에서 우러나오는 것이지만, 권력은 명령과 절대 복종을
요구한다. 반면, 교회의 권위는 목회자가 아니라 '하나님의 말씀'에
있다.

미국의 신학자 스탠리 하우어워즈(Stanley Hauerwas)는 성서의 권위에
대해, 살아계신 예수 그리스도와 함께 고난당한 제자들이 예수

그리스도의 부활과 승천 이후 그의 말씀을 기억하고 그 말씀대로 살아감으로써 그분의 말씀이 살아 있는 '권위'가 되었다고 주장한다. 그래서 그는 기독교 윤리가 '계시된 도덕(revealed morality)' 이 아니라 '계시된 실재(revealed reality)'로 보았다. 인간의 정황에 대해 추상적으로 접근해서 이상적인 도덕을 그리는 차원의 도덕이 아니라, 우리 앞에 서신 예수 그리스도를 따라 죽음을 돌파하는 제자도를 통해 성경의 진정한 권위를 확인할 수 있다.[18]

반면, 세습이 전적으로 권력적 모습으로 비치는 이유는 바로 살아 있는 하나님의 말씀과 그 권위에 대한 공동체적 사건과 제자도의 삶이 뒷받침되지 못하기 때문이다. 기독교의 진정한 권위란 십자가의 고난과 죽음 그리고 부활을 경험한 공동체의 생생한 체험을 통해 형성된다. 따라서 목회의 권위도 오로지 하나님의 말씀에 있으며, 모든 목회자는 거룩하게 부름 받은 종일 뿐이다. 하나님나라는 혈연에 의하지 않고 소명에 의한다. 하나님나라는 부자(父子) 관계를 통해 계승되지 않고, 예수 그리스도의 제자도를 통해 완성된다. 부르심과 순종 외에 목회를 구성하는 것은 없었다. 그럼에도, 현재 교회 세습 과정에서 나타나는 것은 이러한 권위가 아니다. 단지 혈연관계에 따라 이권을 승계하려는 인간적 시도로 보일 뿐이다. 비록 아버지 목회자의 희생을 통해 교회가 성장했어도, 목회의 권위는 결코 육체적 DNA로 형성되지 않기 때문이다.

2. 정통성인가? 정당성인가?

독일의 철학자 하버마스는 '정당성'과 '정통성' 그리고 '동의'
를 통한 시민사회 형성에 기대를 걸었다. '정당성(legitimacy)'이란
도덕적으로 확정된 사회적 자기 정체성의 사회 통합적 보존이며,
'정통성(legitimation)'이란 구성된 가치들을 실현시키는 데 적합한
절차와 관련이 있다.[19]
세습에 대한 사회적 여론이 들끓을 때, 세습이 이루어진 교회는
절차상의 합법성을 강조한다. 세습을 이루기 위해 일련의 교회
내 절차를 거쳤기에 아무 문제가 될 것이 없다는 주장은 합리적
정통성 측면에서 아주 잘못되었다고 할 수는 없다. 그러나 교회가
속한 교단 법의 행정 절차를 거쳤기에 적법하다는 주장에도
불구하고 사람들이 쉽게 그 주장을 수용할 수 없는 것은, 사회
속에서 교회가 보존해야 할 자기 정체성에 문제가 생겼기
때문이다. 즉, 사회 통합적 차원이나 교회의 종교적 가치 보전
차원에서 그 절차적 정통성에 의문을 갖는 것이다.
세습의 경우, 사회적 지탄이 되는 이유는 '도덕적 정당성'과
사회통합과 보전이라는 '규범적 요청'에 따르지 못하기 때문이다.
즉, 세습의 절차적 합리성을 강조하는 과정에서 사랑이라는
하나님의 보편적 구원 사건이 목회자의 정치 정략적 권력화로
변질된다. 하나님의 선재적(先在的) 은총과 보편적 사랑은 세습을

이루려는 목회자의 개인적 판단과 가족의 영역에 제한된다.
고난을 통한 십자가의 희생은 세습에 따른 교회 내 또는 사회적
비난의 감수로 대체되고, 부활의 영광은 자녀를 통한 교회의 성장
논리로 바뀐다. 교회와 목회는 세상을 위한 하나님의 구원 사건이
아니라, 한 목회자 가족의 사적 역사로 축소된다. 예수 그리스도의
제자도는 목회자의 추종자와 그렇지 못한 이들과의 갈등으로
바뀌고, 교회 건물은 만인이 기도하는 집이 아니라 목회자의
재산으로 바뀐다. 세습은 아버지 목회자의 정신적 영역이 아니라
교회의 유형의 재산이 되어 소유 형태로 이루어진다는 점에서,
더욱더 정당성이 없다. 교회를 세습함으로써 목회자간 경제적
불평등이 더 심화되며, 목회자간 경제적 차별도 고착화된다.

3. 소명인가? 직업인가?

세습이 권력과 자기중심의 비합리적 행위가 될 경우, 목회자의
소명은 전적으로 개인의 명예와 생존을 위한 경제적 행위로
전락한다. 영혼 구원을 위한 성직자의 모습이 세습을 통해 경제적
행위와 보상을 전제로 한 직업인으로 각인되는 것이다. 물론
목회자도 삶을 위해 의식주가 필요하다. 그러나 소명은 의식주의
영역을 뛰어넘어 희생을 필요로 하는 정신적 영역이기 때문에,

'소유'를 전제로 하지 않는다.

물론, 목회자에게 무소유를 강제할 수는 없다. 이 모든 것은
신앙의 자유에서 발현되는 부르심의 영역에서 이루어지기
때문이다. 종교개혁자들도 이러한 점들에 대해 고민한 흔적이
역력하다. 루터는 사제가 결혼하면 가난한 목회로 말미암아 아내와
자녀들에 대한 부담이 생기게 되고 양심에 반하는 일들이 생길
수 있지만, 결혼을 전적으로 하나님의 창조질서로 이해하였기에
독신을 반대했다. 그가 결혼과 세습을 직접 관련지어 언급한 적은
없지만, 미혼의 사제들에게 제공되는 재정적 지원이 사제의 목적이
되면 모든 사람이 사제가 되려 할 것이고, 그러면 사제직은 세속적
부양을 위한 직업으로 전락할 것이라고 경고했다.

세습이 이루어지는 곳에서 죽음을 깨뜨리고 나아가는 개혁의
이상을 찾기는 힘들 것이다. 목회자 스스로 이웃이 아닌 자신과
가족을 위해 나아가는 세습의 통로에서 우리는 신앙의 신비를
잃게 된다. 성직은 믿음과 헌신 그리고 죽음으로 이루어지는
하나님의 소명이다. 성직자는 자기를 위해 살지 않고 주를
위해 살며, 가족을 위해 살지 않고 하나님의 백성을 위해 산다.
하나님나라는 교회와 가족보다도 더 크다. 목회자에게도 가족이
중요하지만, 그 가족도 하나님의 자녀인 구원공동체의 평등한
일원이다. 따라서 진정한 목회자는 자기와 가족을 위한 목회자가
아니라 하나님나라와 이웃을 먼저 염려하는 성직자가 되어야 한다.

4. 세습, 그 최후의 유혹

옥중에서 본회퍼는 자신에게 나치에 협력하면 풀어주겠다는
꼬드김을 '최후의 유혹(Last Temptation)'이라고 불렀다. 그는 그 유혹을
극복하고 죽음으로 나아갔다. 세습은 어쩌면 목회자의 최후의
유혹인지 모른다. 부활만 기대하며 나아가는 구원의 마지막
걸림돌일 수 있는 것이다. 평생 목회를 통한 헌신과 희생을 이 땅의
대가로 보상받으려는 인간적인 생각, 교회의 장래에 대한 연민,
자신을 이어 교회에서 봉사하기를 바라는 자녀들에 대한 배려,
그리고 세습. 우리는 인간이기 때문에 똑같이 마음이 흔들린다.
그러나 이것은 유혹이다!
본회퍼는 우리가 세상의 유혹을 이길 수 있는 비결이 오로지
세상에서 버림받는 것이라고 역설적으로 말했다.[20] 예수
그리스도도 하나님께 시편 말씀을 인용하여 자신의 버림받음을
절규하시지 않았던가? 그리고 그전에 이미 제자들도 당신을
버리지 않았던가? 이때 유혹하는 마귀도 떠난다(참고, 마 4:11).
세상에서 버림받고 홀로 남았을 때, 하나님만이 천사를 통해
도우신다(눅 22:42-44). 하나님이 예수님을 버리셨을 때, 마귀도
유혹을 멈추었다! 홀로 남아 버림받은 존재가 되었을 때, 사역이
완성된다!
목회자라고 왜곡된 의지에서 완전히 자유로울 수 없다. 마음이

원하는 바가 완전하지 못하기 때문에 우리는 영혼의 병에 시달린다. 세습하는 것도 자유고, 세습하지 않는 것도 자유다. 그러나 우리는 하나님께 의지하고 사는 것이 자신에게 좋은 선(good)이 된다고 고백했던 아우구스티누스(Augustine)의 신앙을 본받아야 한다.[21] 이생의 자랑인 자기만족의 유혹을 극복하고 하나님 안에서만 참 기쁨을 발견해야 한다.

5. 세습을 넘어서

교회가 교회다워져야 한다 현대 신학에서 중요시하는 '서사적 관점'은 성경의 구원 사건이 시공을 넘어 우리에게 전달되는 복음의 생명력을 강조한다. 성경 어디에도 '세습 이야기'는 없다. 교회의 위기는 세습을 둘러싼 현대 교회의 이야기가 구원 사건과 상관이 없다는 것을 제대로 인식하지 못하는 데 있다. 성경 말씀에 나타나는 다양한 인물들의 희생과 사랑이 하나님의 진리를 둘러싼 구원의 증거가 되는 것처럼, 현 시대 교회에서 회자되는 모든 이야기는 오로지 하나님의 구원을 향한 도구가 되어야 한다.

교회는 전적으로 삼위일체를 통한 성령의 선물로 유지되어야 한다 삼위일체의 하나님이 세상 속에서 당신의 뜻을 이루신 것처럼, 교회는 자신이 아니라 타자와 더불어, 타자를 위해, 타자의 현존 안에 있는 삶 속에서 하나님이 드러나야 한다.[22] 교회는 권력이 아닌 은사의 다양성으로 유지된다. 성령의 약속으로 주어지는 이 복음의 전적인 목적은 세상 각 영역에서 칭찬받는 하나님의 자녀가 되는 것이다. 따라서 교회는 성직의 갈등과 분열로 비쳐지는 전근대적인 세습의 굴레에서 벗어나, 칭찬받는 공동체의 모습을 보여 주어야 한다.

교회의 제도를 통해 구현되는 정의로운 법은 사회의 법이나 제도보다 앞서야 한다 사회의 법은 정의와 합목적성 그리고 법적 안정성을 구현하기 위해 발전하고 있다. 세속적 정치도 이런 대의명분을 위해 최선을 다하는 상황에서, 기독교의 법과 규범은 세상의 가치를 초월해야 한다. 사회법의 수준을 넘어서는 종교법은 개 교단이나 교회의 아성을 구축하는 것이 아니라, 진정한 정의와 사랑을 보여 줄 수 있는 질서와 소통의 절차를 구비해야 한다. 거기에는 편견이나 배타성이 있을 수 없으며, 모두가 평등하고 자유로운 존재로 부름 받은 소명만이 있을 뿐이다.

교회는 종교개혁의 신앙적 자유를 추구해야 한다 이 자유는 모든 불의를 의심하며, 하나님의 정의가 살아 숨 쉬는 영적 에너지다. 우리는 이 영적 에너지가 필요한 시대에 살고 있다. "죽기 전에 죽으면 죽을 때 죽지 않는다!(If you die before you die, you will not die when you die!)"기독교
영성은 이 죽음을 두려워하지 않는 것이다. 마음의 밀실로부터
엄습하는 이 세상의 세습과 같은 안주에서 벗어나는 길은 죽음을
넘어 계시는 예수 그리스도 외에 없다는 부활신앙만이 우리의 살
길이다.

제5장
사회학적
고찰

1. 사회의 짜임새

오늘의 우리 사회는 갑자기 만들어진 것이 아니다. 그것은 자체의
긴 이야기를 가지고 있다. 이 때문에 오늘의 우리 사회를 이해하기
위해서는 역사를 거슬러 올라가 거기서 전개되어 나온 이야기를
살펴볼 필요가 있다. 특히, 조선 사회의 구조와 과정을 역사
사회학의 눈으로 분석할 필요가 있다. 즉, 효 중심의 유교 가치가
조선 사회의 모든 영역에 스며들어, 삶 그 자체를 다스려 왔다는
점에 주목해야 한다.

유교에서는 다른 어떤 것보다도 부자의 인륜 관계를 가장 '자연스러운', 그리하여 가장 중요한 것으로 보아, 효를 모든 것에 우선하는 가치로 여겼다. 하지만 유교 문화권에 들어선 동북아시아 세 나라 가운데 그 가치가 일차적 우위성을 유지하며 힘을 떨치게 된 것은 조선이다. 조선 사회에서는 국가/왕에 대한 헌신과 복종(忠)보다, 가족/부(父)에 대한 헌신과 순종(孝)이 더욱 강조되었다.

효 중심의 유교를 유지하고 강화할 수 있는 의례, 즉 조상 숭배가 제도화되었다. 조상 숭배의 신앙과 여기서 비롯된 의례는 조선의 유교보다 훨씬 긴 역사를 지니고 있다. 부계 사회의 남성 우선 원칙에 따라 제사제도가 마련되었고, 그것을 뒷받침할 수 있는 효의 원리도 강조되어 왔다. 조상 숭배 의례와 효는 서로 떨어질 수 없는 한 뭉치였다.

조선 사회는 효의 가치와 그것이 조상 숭배로 제도화된 유교로 빈틈없이 짜여졌다. 삶의 영역 모두가 이 종교 신념에 이어져 있었기 때문에, 어느 영역도 자체의 자율성을 가질 수 없었다. 그러므로 어느 한 영역에서 변화를 일으킨다는 것은 참으로 어려운 일이었다. 결국 사회의 어느 영역을 변화시키기 위해서는 유교의 틀과 다른, 유교의 권위에 대등하게 맞설 수 있는 대안의 상징 능력이 확보되지 않으면 안 되었다.

2. 개신교의 출현

이러한 능력을 제공한 것이 개신교였다. 개신교라는 외래 종교가
조선 땅에 들어왔을 때의 상황은 지난날 천주교의 경우와는
달랐다. 개신교라는 서양 종교에 대해서는 훨씬 부드러운 사회
분위기가 만들어져 있었다. 개혁 지향 세력이 개신교에 호감을
갖게 되고, 선교사들도 조심성 있게 선교 운동을 펼쳐서, 개신교가
조선 사회에 좋은 인상을 주고 있었다. 개신교는 빠른 속도로
성장했다.

우리나라에 기독교가 들어왔을 때 그것은 전래 문화와 만나
소통해야 했다는 점에서 어쩔 수 없는 '종교 혼합 현상' 속에
들어설 수밖에 없었다. 실제로 기독교는 자신의 교리를 한국인의
말과 글을 통해 전파해야 했다. 그럼에도 기독교는 기독교여야
했다. 기독교는 더욱 깊은 수준에서 전래하는 의식 세계를
질문하고. 새로운 삶의 의식 세계를 열어보였다. 기독교인은 그러한
기독교를 받아들인 사람이었다. 이들 기독교인이 유교 지향성에
맞서 사회를 바꾸고자 한 변혁 세력이 되었다.

이제 이들은 철폐의 대상이 된 조상 숭배를 포함하여, 모든 것을
상대화시킬 수 있는 능력을 갖게 되었다. 개신교 선교사들이
천주교의 선교 전략을 검토한 다음 신중에 신중을 기하려 했지만,
조상 숭배의 신앙 문제만큼은 피해갈 수 없었다. 박해당할

것이라는 위험을 감수하면서 이 믿음의 원칙에서 물러서지
않았다. 이렇듯 기독교는 오래 전부터 효에 터한 가족 중심의
의식 세계를 강화해 온 조상 숭배에 맞설 수 있는 변혁의 능력을
발휘했다.

그러나 조선의 유교 전통에 대한 비판은 줄기차게 펼쳐지지
못하였다. 조상 숭배에 대한 거부는 그런 종교적 수준의 거부
행위였을 뿐, 그것이 삶의 모든 수준으로 침투해 들어가 의식의
밑뿌리를 바꿔놓을 만큼 끈질기게 변혁의 에너지를 만들어 내지
못했다. 그런 까닭에, 개신교마저 혈연에 터한 가족의 가치를
일차적인 것으로 보고 그것을 바탕으로 삶을 이해하는 좁다란
의식 세계를 깨뜨릴 수 없었고, 혈연관계를 넘어 모두를 한
형제자매로 여기며 살아야 한다는 더 넓은 공공의 의식 세계를
만드는 데로 나아가지 못했다.

3. 역사의 발자취

우리가 바랐던 대로 일제 강탈의 험곡을 지나 광복을 맞았다.
비록 남과 북으로 두 동강이 났지만 그것은 우리가 되찾고자 한
바로 그 나라였다. 강탈기의 자주 세력이 바랐던 광복을 이룬
마당에 우리 사회의 깊은 문제를 논의할 상황은 아니었다. '못

살겠다'며 정권을 바꾸자 하고 마침내 독재도 타도했지만, 우리 사회의 밑뿌리 문제인 좁다란 가족 중심의 사사로운 의식 세계는 어느 세력도 정면으로 맞서 공공의 수준에서 담론을 만들어 내지 않았고, 발언의 터전도 가꾸지 않았다. 모든 것은 바로 이 가족 중심의 의식 세계, 곧 '가족주의'의 바탕 위에서 진행되었다.

군사 쿠데타 이후 우리가 경험한 경제 성장도 이러한 의식 세계를 효과적으로 동원한 데서 비롯되었다. 조국 근대화라는 경제 성장의 열매는 가족 중심의 의식에 경제 가치의 중요성을 접붙여 놓은 데서 나온 것이다. 우리가 이룩한 경제 성장은 서양의 사회 (과)학이 주장해온 것과 달리, 전통의 청산은 고사하고 근본에서는 가족주의라는 전통과 모순을 일으키거나 갈등을 빚지 않고 그 틀 안에서 평탄하게 진행되었으며, 그것은 경제 성장의 본보기처럼 되기도 했다. 이런 까닭에 오늘날 우리 경제를 자본주의로 규정한다면 정확히 그것은 가족주의에 터한 '친분 자본주의'라고 해야 옳다.

이렇게 보면 오늘날 우리 사회를 이끌고 있는 삶의 원리는 두 가지라고 할 수 있다. 하나는 전래의 가족주의로, 구성원 사이의 친밀한 결속 의식을 강조하는 삶을 모형으로 삼아 행동을 이끌어 가고 조직을 운용하는 원리이고, 다른 하나는 이것과 어울려 경제 논리로 삶을 이해하고 경제라는 잣대로 모든 것을 가늠하려는 경제주의 원리이다. 가족주의와 경제주의라는 두 가지 원리가

하나 되어 우리 삶과 조직을 다스리고 이끌어가는 지침과
동력으로 작동하고 있다.

4. 교회의 현실

우리 역사에 들어와 변화의 동력원이 된 초대 기독교는 그것이
터한 초월 신앙에 따라 그 시대의 삶을 지배해 온 유교의 절대성도
비판하고 거부할 수 있었다. 기독교는 한마디로 대안의 삶을 향한
변화의 신앙 운동이었다. 그러던 기독교가 일제강점기를 지나
나라를 되찾고 '우리의 정부'를 세우게 되면서 변화의 능력을
상실하기 시작했다. 교회는 친정부 조직 세력의 일부였지, 그것과
긴장 관계를 이루는 믿음의 본질을 대변하지 않았다.
교회는 조국 근대화라는 깃발 밑에 들어서서 경제 성장을 향한
국민 총동원의 대열을 이끌고 그것을 독려하기만 했다. 정부가
눈에 보이는 생산 증대를 '제1경제'라 하고, 이것을 뒷받침해 줄
눈에 보이지 않는 정신문화로서 '제2경제'의 필요성을 역설했을 때,
교회는 제2경제의 역군 역할을 충실히 수행했다. 교회 어디서도
맘몬을 섬긴다거나 섬기자고 내놓고 말하지 않았다. 오히려 교인의
머리 수, 재정 수입과 재산 규모로 목회 능력을 가늠했다. 이는
"맑스류의 '좌파' 유물론의 옆자리에 들어선," 한국 교회 안의

"'우파' 유물론"이었다(박영신, 2006: 344). 즉, 좌파 유물론자들이 신의 존재를 부정하며 물질을 절대시한 반면, 한국 교회는 하나님의 존재를 강력하게 신앙하면서 물질적 번영도 절대시했던 것이다. 철학적 배경은 다르지만 현실적으로 드러나는 양자의 모습에는 별 차이가 없어 보인다.

경제 성장이 가족 단위로 이뤄졌듯이, 교회의 부흥과 성장도 개체 가족과 유사한 '개교회' 단위로 이뤄졌다. 이른바 '개교회주의'라는 것도 느닷없이 나타난 것이 아니다. 한국 교회의 문제점에 대한 조사에서 '교파가 너무 많다', '단합이 안 된다', '지나치게 자기 교회 중심이다'는 견해가 대두하고 나아가 '목회자의 사리사욕/이기심'을 지적하는 것은(한미준/한국갤럽, 2005: 262-264) 우리 사회의 밑뿌리에 도사리고 있는 좁다란 가족주의/유사가족주의가 밖으로 드러난 증상을 나타내는 것일 뿐이다.

우리나라 교회는 우리 사회의 흐름을 반영한다. 우리 사회의 됨됨이와 뒤범벅되어, 교회가 세속 사회와 근본에서 전혀 구별되지 않는 그렇고 그런 집단으로 굴러간다. 교인들도 교회에 다니지 않는 사람들과 꼭 같이 좁다란 가족 이기주의에 사로잡혀 있다. 기독교인과 비기독교인 사이에 근본적인 차이점을 찾을 수 없게 되었다. 물질 지향의 삶의 가치를 받아들이는 것만큼은 진보든 보수든 어떤 차이도 보여 주지 않는다. 교회는 우리 사회의 주류가 치켜세워 온 경제주의와 하나가 되어버렸다.

5. 교회 세습의 모습

1960년대부터 농촌 인구가 도시로 급격하게 대규모로 이동했다. 안정된 농촌을 떠나 낯설고 불안정한 도시의 삶 속으로 편입된 이주자들이 교회로 찾아들었다. 이 상황에서, 교회는 양적 성장을 향해 몸부림쳤다. 도시 거주자에게 주택을 공급하기 위해 정부가 편 개발 정책과 그것이 만들어 낸 건설 붐은 교회 성장의 기회와 계기가 되었다. 주택 정책에 따른 '공간 밀집화' 과정에서 도시 교인이 급증하고, 마침내 대형교회가 출현하기 시작했다.

물론, 교회의 모든 일을 목사가 단독으로 결정할 수 없다. 하지만 대형교회라는 조직의 상좌에 앉아 권위를 행사하는 사람은 목사다. 그는 나라 안팎에서 저명한 인사가 되어 명성과 명예와 위엄을 얻는다. 하지만 이런 대형교회 목사도 목사직을 내놓아야 할 때가 온다. 이것은 목사와 교인들 모두에게 중대한 관심사지만, 후임자 선임에 대한 목사의 생각이 가장 중요하다. 이러한 분위기가 만들어지면, 목사는 세습 계획을 추진하고 실행한다. 모든 것은 적법한 절차에 따라 진행된다. 하지만 이 과정에서 다른 의견을 내는 것은 불필요한 혼란과 분열을 일으키는 것으로 간주된다. 이 일로 교인들이 갈라져 나가는 것쯤은 크게 관심 둘 바도 아니다. 후계자 문제를 해결하는 데 그 정도는 감수해야 한다. 교회 밖에서 이 일을 두고 옳으니 그르니 하는 것은 '남의 집안 일'

에 참견하려는 무례하고도 쓸데없는 짓이라며 자기 교회의 결정을 변호한다. 카리스마의 일상화 과정은 이렇게 결말을 본다.

교회 세습은 교회를 설립한 담임목사의 공로와 지위가 확고한 데서 흔히 벌어진다. 카리스마를 가진 아버지의 아들이라는 후광 때문에, 그런 '세습 계승'은 쉽게 용인되고 인정될 수 있다. 특별히 아버지가 자신의 목사직을 아들에게 넘겨야만 교회의 안정과 성장을 확보할 수 있다며 세습을 정당화하고, 회중은 이러한 뜻을 받아들인다. 이것이 교회 세습의 일반적인 과정이다.

6. 되새김

교회 세습은 폭넓은 정당성의 근거를 얻기에는 너무도 불공평하고 부당하다. 이 문제를 두고 이렇게 저렇게 논의하게 되는 것도 이 때문이다. 하지만 이 논의는 그것이 뿌리내리고 있는 의식 세계와 맞닥뜨려야 한다. 그렇지 않으면 논의 자체가 표피적인 데 머물러, 문제 자체를 도려내는 데까지 미치지 못할 것이기 때문이다. 그러므로 우리의 논의는 특정 표면의 문제에 매달려서는 안 된다. 거기서 벗어나 문제의 밑뿌리로 다가가야 한다. 그것이 땅에 묻혀 쉽게 보이지는 않지만 뿌리 없는 나무줄기는 없는 법이다.

교회 세습의 밑동은 (유사)가족주의 의식이다. 재벌가의 세습과 권력가의 세습 행태, 아니 우리 모두가 저지르고 있는 각각의 세습 행태의 밑뿌리는 모두 같다. 이 모두는 같은 의식 세계에 바탕을 두고 있다. 자기 혈육에게 특혜를 주는 행태가 여기서 나타난다. 이것이 가족의 테두리를 넘어 지연으로, 학연으로 뻗어나가고, 집합적인 위기나 흥분 상태에선 국민 전체로까지 내뻗어 갈 수도 있다. 그럼에도 이 지향성은 어쩔 수 없이 친분 중심의 비좁은 틀 안으로 회귀하려 한다. 그러므로 여기서 비롯되는 행태는 꼭 같이 불평 부당할 수밖에 없다. 여기에 오늘날의 경제주의 지향성과 맞물려 특혜는 경제/물질/재산의 혜택으로 나타난다. 교회 세습은 이러한 의식의 세계에 터하고 있다.

나는 이 대목에서 우리 사회와 우리 교회가 다 같이 시달리고 있는 비좁은 의식 세계를 돌파하여 더욱 넓은 관심의 의식 세계로 나아가야 하며, 그러기 위하여 자기 부정을 감행할 필요가 있다는 점을 강조하고 싶다. 이것은 참된 뜻에서 '시민다움'을 일깨우고 키우는 일이 될 것이다. 시민다움이란 흔히 말하는 시민의 권리 주장이 아니라, 이웃 일반에 대한 책임과 이어지는 삶의 지향성을 가리킨다. 어떤 것에도 무릎 꿇지 않고 모든 것을 부정할 수 있는 초월의 가능성이 믿는 자에게 맡겨져 있다. 오직 이 믿음의 사람만이 체제의 '넓은 길'을 거부하고 반체제의 '좁은 길'로 들어설 수 있다.

부록

참고문헌

――――― 대중 좌담회 자료집 〈교회 세습, 무엇이 문제인가?〉(2013. 1. 8)

――――― 교회세습방지법 제정을 위한 포럼 및 교단별 간담회 자료집 〈교회세습방지법, 어떻게?〉(2013. 7. 30)

――――― 교회 세습 제보 결과 발표 및 세습 시도 저지를 위한 기자회견 자료집 〈교회 세습은 하나님의 뜻이 아닙니다〉(2013. 7. 31)

――――― "예장통합의 '교회세습방지법' 가결에 대한 '교회세습반대운동연대'의 입장 발표"(2013. 9. 13)

――――― 포럼 자료집 〈교회 세습 여론 인식연구 발표〉(2013. 2. 4)

――――― 학술 심포지엄 자료집 〈교회 세습, 신학으로 조명하다〉(2013. 2. 19)

――――― 2015 변칙세습포럼 자료집 〈세습방지법의 그늘: 편법의 현주소를 규명한다!〉(2015. 5. 26)

주

1. 신영준 목사는 2005년에 교회를 떠났고, 그 이듬해 신현균 목사도 세상을 떠났다. 이로써 현재 성민교회에서 신현균 목사 집안의 실질적 영향력은 사라진 것으로 보인다.

2. 교회세습반대운동연대(이하 세반연)는 2013년 3월 12일부터 2013년 6월 28일까지, 그리고 2013년 6월 29일부터 2015년 1월 19일까지 이메일 또는 전화 제보, 언론 보도 등을 통해 세습을 완료한 각종 사례를 수집하였다. 조사 내용은 교회의 일반적인 특성(소속 교단, 노회 또는 지방회, 지역, 출석 교인 규모), 세습 유형, 완료 연도 등으로 구성하였으며, 온라인 설문조사 양식으로 무작위 배포하였다. 그 결과, 총 121개 교회가 세습하였으며, 그중 84개 교회가 직계 세습을, 37개 교회가 변칙 세습을 완료한 것으로 확인되었다.

3. "본 조사는 서울과 6개 광역시를 한 층으로 하고 나머지 지역을 한 층으로 하는 층화표집을 하였으며, 두 개의 층에서 추출된 지역을 집락표집 방식으로 추출하였다. 목회자의 경우는 '한틀'에서 제작한 교회 주소를 바탕으로 총 60개 지역에서 800부의 목회자용 설문지를 10월 22일부터 26일까지 닷새간에 걸쳐 배포하였다. 신학교 교수들의 경우에는 전국신학대학협의회에서 발간한 《한국신학교육기관자료집 (2012-2013)》에 수록된 주소를 이용하여 300명의 교수들에게 설문지를 배포하였다. 신학대학원생들의 경우에는 각 신학대학원 원우회와 통화하여 그들에게 본 연구에 대한 설명을 하고 설문지 배포를 허락한 총신대, 감신대, 침신대, 서울신대, 한신대 원우회로 설문지를 보냈으며, 원우회에서 설문지를 수거했다. 평신도들과 일반인들의 경우에는 각 지역의 고정된 지역에서 본 조사자에게 교육받은

신학생들이 11월 5일부터 30일까지 설문지를 수거하였다. 10월말부터 회수되기 시작한 목회자용 설문지는 마감일인 12월 15일까지 152부(19.0%)가 회수되었으며, 신학교수의 경우에는 300부를 배부한 가운데 74부가 회수되어 약 24.7%의 회수율을 보여 주었다. 신학대학원생의 경우에는 각 신학대학원 원우회에 200부씩 배포하여 336부(33.6%)가 회수되었다.

평신도와 일반인의 경우에는 총 1520부가 회수되었다. 모든 설문지가 회수되고 분석이 시작된 후 평신도와 일반인의 설문지 17부, 목회자에게서 5부, 신학교수에게서 3부가 도착하였지만 시간 관계상 분석에 사용할 수 없었다." 이만식, "교회 세습 여론 인식 조사 결과,"《교회세습반대운동연대 포럼: 교회 세습 여론인식연구발표》(2013. 2. 4), 5-6.

4. 장기천, "한국 교회 성직세습의 문제,"〈기독교사상〉통권 제466호(1997. 10), 12.

5. 이 논문집에 실린 논문들은 다음과 같다. 홍근수, "담임목사 세습 제도는 기독교적인가?," 임희숙, "한국 교회 세습 문제와 그 여성신학적 성찰," 우은진, "세습 문제의 논란과 파장."

6. "(사설) 감리교 '세습금지' 다른 교단으로 확산되길,"〈서울신문〉(2012. 8. 28); 김범수, "감리교 '목회 세습 금지' 확정,"〈한국일보〉(2012. 9. 25); 김지훈, "감리교 '교회 세습' 안 한다,"〈한겨레〉(2012. 9. 25); 정형권, "감리교 '세습금지법' 통과,"〈기독신문〉(2012. 9. 25).

7. 이날 박봉배, 오영석, 손봉호, 김영한 교수가 발표했다.

8. "더욱 기상천외하고 교묘해진 교회 변칙 세습"〈경향신문〉(2015. 6. 7) (http://news.khan.co.kr/kh_news/khan_art_view.html?code=990101&artid=201506072049405)

9. 헌법 제11조 ② 사회적 특수계급의 제도는 인정되지 아니하며, 어떠한 형태로도 이를 창설할 수 없다.

10. L. Daniel Hawk, *Joshua* (Berit Olam; Collegeville: The Liturgical Press, 2000), 117.

11. 다윗 왕가와 제사장의 혈연 세습을 통해 교회 세습을 정당화하려는 시도가 어려움을 겪자 최근에는 "성경에 보면 아브라함, 이삭, 야곱, 요셉으로 이어지는 아름다운 전통이 있다"는 주장까지 등장한다. 홍재철, "후임 담임목사 청빙"(한국기독교총연합회 대표회장 홍재철 목사의 이름으로 2012년 7월 19일 발표된 문건).

12. Iain Provan, *1 and 2 Kings* (NIBC; Peabody: Hendrickson, 1995), 157-160 참고.

13. John Barton, "Natural Law and Poetic Justice in the Old Testament," *JTS* 30 (1979): 1·14 참고.

14. Dietrich Bonhoeffer, *Act and Being: Transcendental Philosophy and Ontology in Systematic Theology*, tr. by H. Martin Rumscheidt (Minneapolis: Fortress Press, 1996), 111. 바르트는 교회를 가리켜 "그 공동체는 예수 그리스도 자신의 지상적이고 역사적인 존재 형태이다"라고 말했다. Karl Barth, *Church Dogmatics*, vol. IV/1, 661.

15. Calvin, *Institutes*, IV.3.2.

16. 같은 책.

17. Calvin, *Institutes*, IV.3.15.

18. Stanley Hawerwas, *Excerpts from From Christ To The World* (ed, by Wayne B. Boulton et al., Michigan, William B. Eerdmans Publishing Company, 1994), 34-39.

19. 윤평중, 《푸코와 하버마스를 넘어서》(교보문고, 1990), 127-128.

20. Dietrich Bonhoeffer, *Creation and Fall*, Temptation (Collier Books: MacMillan Publishing Company, 1959), 106. 이하 본회퍼의 해석을 참고하였다.

21. Augustine, 《고백록》(선한용 역, 대한기독교서회, 2003), 229.

22. Jürgen Moltmann, 《삼위일체와 하나님의 역사—삼위일체 신학을 위한 기여》(이신건 역, 대한기독교서회, 1998), 189.

직계 세습으로 확인된 교회

*규모에서, A: 50~100명, B: 100~500명, C: 500~1,000명,
 D: 1,000~5,000명, E: 5,000~10,000명, F: 10,000명 이상.

교회	교단	지역	규모*	연도	전임목사	후임목사
도림교회	예장통합	서울	C	1973	유병관	유의웅
부평교회	기감	인천/경기	D	1980	홍창준	홍은파
길동교회	예장합동	서울	C	1986	박만식	박주완
송월장로교회	예장합신	인천/경기	D	1992	박도삼	박삼열
대구서문교회	예장합동	대구/경북	C	1995	이성헌	이상민
기둥교회	기감	인천/경기	C	1995	고용봉	고신일
수원성감리교회	기감	인천/경기	E	1996	최용환	최승균
충현교회	예장합동	서울	E	1997	김창인	김성관
주안감리교회	기감	인천/경기	D	1997	한경수	한상호
공주꿈의교회	기침	대전/충청	D	1998	안중모	안희묵
하늘비전교회	기침	서울	D	1999	오관석	오영택
베다니교회	기감	서울	D	2000	곽전태	곽주환
광림교회	기감	서울	F	2000	김선도	김정석
순복음성문교회	기하성	서울	A	2000	문정열	(아들, 2004년 사임)
십정감리교회	기감	인천/경기	B	2000	유세열	유재구
동막교회	통합	서울	C	2001	곽영환	곽재욱
제천동부교회	기감	대전/충청	B	2002	이용식	이현택

잠실양문교회	예장합동	서울	B	2002	서혜은	서성범
성남대원교회	기감	인천/경기	D	2003	임은택	임학순
강남제일교회	기침	서울	B	2004	지덕	지병윤
경향교회	예장고려	서울	D	2004	석원태	석기현
원천교회	예장백석	서울	E	2004	문영철	문강원
분당만나교회	기감	인천/경기	D	2004	김우영	김병삼
경산중부교회	예장고신	대구/경북	B	2005	이동수	이석규
둔산성광교회	기감	대전/충청	D	2005	이유식	이웅천
판암교회	예장합동	대전/충청	C	2005	홍동표	홍성현
경신교회	기감	서울	C	2005	김용주	김일중
동수교회	기감	인천/경기	C	2005	주봉택	주학선
강북교회	예장합동	서울	B	2006	김충식	김두환
대성교회	예장합동	서울	C	2006	서기행	서성용
동현교회	예장합동	서울	D	2006	예종탁	예성철
성민교회	예장합동 전통	서울	B	2006	–	허승범
은파교회	기감	광주/전라	C	2007	오세창	오형석
제천영광교회	예장합동 보수	대전/충청	B	2007	이준호	이태규
종암중앙교회	예장개혁	서울	B	2007	조경대	조성환
삼락교회	예장합동	서울	B	2007	김조	김태영
금란교회	기감	서울	F	2008	김홍도	김정민
서울교회	기장	서울	A	2008	배성산	배인용

창대교회	예장통합	서울	D	2008	최성구	최용도
계산중앙교회	기감	인천/경기	D	2008	최세웅	최신성
숭의교회	기감	인천/경기	E	2008	이호문	이선목
광명교회	예장백석	인천/경기	C	2008	김병길	김정윤
복음천하감리교회	기감	대전/충청	B	2009	곽성영	곽상원
충주남부교회	기감	대전/충청	D	2009	김기웅	김광일
신광교회	기감	인천/경기	C	2009	고창배	고인준
동부순복음교회	기하성	대구/경북	D	2010	서상식	서순열
서산순복음교회	기하성	대전/충청	D	2010	백승억	백종석
주례중앙교회	예장고신	부산/경남	C	2010	이종승	이영원
삼호교회	기침	서울	D	2010	안종대	안철웅
시흥중앙교회	예성	서울	D	2010	김재송	김성은
대평교회	예장합동	서울	B	2010	성명환	성백권
부평남부교회	예성	인천/경기	C	2010	위광필	위성섭
인천흰돌교회	기감	인천/경기	B	2010	서명섭	서일원
인천선린교회	기감	인천/경기	C	2010	권용각	권구현
대광감리교회	기감	인천/경기	D	2010	박종화	박성일
만수교회	기감	인천/경기	D	2010	성중경	성요한
순복음의정부교회	기하성	인천/경기	D	2010	박종선	박정호
경서교회	예장합동	인천/경기	D	2010	홍재철	홍성익
동산비전교회	예장고신	대구/경북	C	2011	박태경	박현민

신월동교회	예성	서울	C	2011	고용복	고신원
수동교회	예장통합	서울	C	2011	정완모	정기수
새서울교회	예장통합	서울	B	2011	김복천	김성은
서부교회	예성	인천/경기	C	2011	이윤구	이성은
부천혜린교회	예장합동	인천/경기	E	2011	이남웅	이바울
대산감리교회	기감	대전/충청	B	2012	강환호	강태규
빛교회	기감	서울	B	2012	양수일	양태우
서울제일교회	기감	서울	B	2012	심원보	심규환
대서울교회	예장고신	서울	B	2012	방의혁	방정기
승복교회	예장통합	서울	C	2012	김태수	김충호
상록교회	예장합동	서울	B	2012	김동안	김은환
강동제일교회	예장합동 정통	서울	B	2012	이흥재	이정기
제일성결교회	예성	서울	C	2012	노태철	노윤식
부천동광교회	예장통합	인천/경기	C	2012	류철량	류재상
원미동교회	예장통합	인천/경기	C	2012	김영진	김승민
연정교회	예장합동	인천/경기	C	2012	김용실	김동원
서산석남교회	기성	대전/충청	B	2013	김차열	김광호
봉신성결교회	기성	서울	B	2013	김승복	김정준
한양교회	예장합동	서울	B	2013	김진명	김판중
남문교회	예장합신	서울	B	2013	이선웅	이건희
광야교회	예장합신	서울	B	2013	황경섭	황성운

조원교회	기감	인천/경기	B	2013	서정달	서원석
성남성결교회	기성	인천/경기	B	2013	이용규	이호현
산성교회	기침	인천/경기	C	2013	이천수	이태진
안양광명교회	예장백석	인천/경기	B	2013	김병길	김정윤
안산시민교회	예장합동	인천/경기	C	2013	이무영	이성관
청주흰돌교회	기감	대전/충청	C	2014	임복만	임사무엘
성장교회	합동	인천/경기	B	2014	김인기	김승리
시은소교회	예장합동	인천/경기	E	2014	김성길	김철
인천순복음교회	기하성	인천/경기	F	2015	최성규	최용호

변칙 세습으로 확인된 교회

*규모에서 A~F는 앞의 도표와 같은 규모를 나타냄.

유형	교회	교단	지역	규모*	완료연도	전임	후임
사위 세습	비전교회	기성	인천/경기	B	2002	신현근	신용수
사위 세습	CCC	선교단체	서울	F	2002	김준곤	박성민
지교회 세습	예수소망교회	예장통합	인천/경기	D	2003	곽선희	곽요셉
사위 세습	순복음수지교회	기하성	인천/경기	C	2006	박요한	이성주
사위 세습	안양성결교회	예성	인천/경기	D	2006	조병창	강대일
지교회 세습	새순교회	한독선연	서울	D	2007	마평택	마경일
	하남새순교회		인천/경기	B			
사위 세습	서산성결교회	기성	대전/충청	D	2008	박광훈	이기용
사위 세습	포일남교회	예장합동	인천/경기	B	2009	이종구	김영주
사위 세습	천안침례교회	기침	대전/충청	D	2010	박성웅	안철호(사임)
동서간 세습	영일교회	기감	서울	B	2011	강성일	김한세
사위 세습	대한교회	예장합동	서울	C	2011	김삼봉	윤영민
사위 세습	은광교회	기성	광주/전라	B	2012	김태곤	최현
사위 세습	인천동산교회	기감	인천/경기	D	2012	이진수	조혁
사위 세습	창광교회	예장	서울	D	2012	이병규	김창훈
사위 세습	한사랑교회	기감	서울	D	2012	임영훈	황성수
사위 세습	합성감리교회	기감	울산/마산/경남	C	2012	구동태	최정규

지교회 설립 후 M&A 세습	왕성교회	예장합동	서울	D	2012	길자연	길요나
지교회 세습	대흥교회	기침	대전/충청	D	2012	안종만	안정철
	노은대흥교회			A			
지교회 세습	평택처음교회	예장통합	인천/경기	B	2012	윤대영	윤형진
	부천처음교회			D			
부인 세습 후 역M&A 세습	청라세계비전교회 (옛 신동산교회)	예장중앙	인천/경기	C	2013	김준환	박양임(부인) 김성현(아들)
징검다리 세습	임마누엘교회	기감	서울	F	2013	김국도	김정국
교차 세습	간석제일교회	기성	인천/경기	B	2014	장자옥	고석현
	천안가나안교회		대전/충청			고석현	장하련
다자간 세습	부천성림교회	기감	인천/경기	C	2014	김종석	김윤철
	한양제일교회		서울	C		서동원	김종석
	은혜교회		서울	D		문충웅	서동원
사위 세습	익산반석교회	예성	광주/전라	B	2014	이병진	윤호웅
사위 세습	서서울교회	예장합동	서울	B	2014	선병인	임홍순
지교회 세습	인천제일교회 논현성전(지교회)	기감	인천/경기	C	2014	이규학	이제일
	인천제일교회 구월성전(본교회)			D			
지교회 세습	새노래명성교회	예장통합	인천/경기	C	2014	김삼환	김하나
	명성교회		서울	F			
징검다리 세습	서천제일교회	기감	대전/충청	B	2014	한상명	한철희
징검다리 세습	순천광명교회	예장통합	광주/전라	B	2014	박춘석	박은성
징검다리 세습	전주호남교회	예성	광주/전라	C	2014	김선기	김노벌
징검다리 세습	연희감리교회	기감	서울	B	2015	김영동	김국현

교회 세습, 하지 맙시다

Saying No to Hereditary Power in Church
— A Report on the Movement of Christian
Alliance against Church Inheritance

2016. 5. 18. 초판 1쇄 인쇄
2016. 5. 25. 초판 1쇄 발행

기획 교회세습반대운동연대
책임집필 배덕만
펴낸이 정애주
국효숙 김기민 김의연 김준표 김진원 박세정 박혜민
송승호 오민택 오형탁 윤진숙 이한별 임승철 임진아
정성혜 조주영 차길환 한미영 허은
펴낸곳 주식회사 홍성사
등록번호 제1-449호 1977. 8. 1.
주소 (04084) 서울시 마포구 양화진4길 3
전화 02)333-5161
팩스 02)333-5165
홈페이지 www.hsbooks.com
이메일 hsbooks@hsbooks.com
페이스북 facebook.com/hongsungsa
양화진책방 02)333-5163

ⓒ 교회개혁실천연대, 2016

• 잘못된 책은 바꿔 드립니다.
• 책값은 뒤표지에 있습니다.
• 이 도서의 국립중앙도서관 출판예정도서목록(CIP)은
  서지정보유통지원시스템 홈페이지(http://seoji.nl.go.kr)와
  국가자료공동목록시스템(http://www.nl.go.kr/kolisnet)에서
  이용하실 수 있습니다.(CIP제어번호: CIP2016012131)

ISBN 978-89-365-1163-0 (03230)